『双减』背景下的学校管理与教育教学创新丛书
丛书总主编◎张仁贤

我为教育而来

杨晚云◎著

中国轻工业出版社

图书在版编目(CIP)数据

我为教育而来 / 杨晚云著.
—北京:中国轻工业出版社,2022.1
ISBN 978-7-5184-1423-9

Ⅰ.①我… Ⅱ.①杨… Ⅲ.①中小学教育-文集
Ⅳ.①G63-53

中国版本图书馆 CIP 数据核字(2017)第 110418 号

责任编辑:刘云辉　　责任终审:劳国强　　责任监印:张　可
封面设计:郝亚娟　　图书策划:天宏教育
出版发行:中国轻工业出版社(北京市东长安街 6 号,邮编 100740)
印　　刷:三河市人民印务有限公司
经　　销:各地新华书店
版　　次:2022 年 1 月第 1 版第 2 次印刷
开　　本:710×960mm　1/16
印　　张:15
字　　数:203 千字
书　　号:ISBN 978-7-5184-1423-9
定　　价:92.00 元

邮购电话:010-65241695　传真:65128352
发行电话:010-85119835　85119793　传真:85113293
网　　址:http://www.chlip.com.cn
Email:club@chlip.com.cn
如发现图书残缺请直接与我社邮购联系调换
170437Y1X101HBW

序

我曾经在《湖南日报》发表过一首小诗，题目叫“一个关于教育的梦想”：

有一个关于教育的梦想，
那是一个春天的梦，
充满生机和朝阳，
犹如漫山的野花竞相开放。
恰似一场春雨润物细无声，
在那里，教育是自然而然地生长，
既不定向催生、揠苗助长，
也不压制分化、千篇一律。
校长老师，
是牵着我们前行的长者，
是有包容和爱心的领路人，
他们深知哪里是沟、哪里有坎。
校园里到处是鲜花与笑声，
如同高山流水入玉盘，
百鸟闹丛林，
教师爱生如子，学生尊师如父。
梦想里的教育，
校园是乐园，教师是天使，

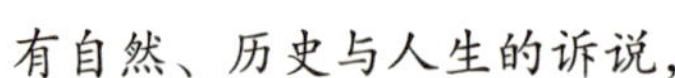

有自然、历史与人生的诉说，

也有发现和创造的生命启航。

我以一个一辈子从事教育事业的老教师的身份，在诗中倾诉着自己的教育情愫。我真切地呼唤这样的教育思想和观念，我热切地期盼这样的校长和教师，我向往这样的学校和乐园……

多次听我的一位教育学研究生以敬佩的口吻提及在我的家乡邵阳有一位名叫杨晚云的女教师，说她是如何地痴迷于教育事业，用真情实感书写美好教育人生。有一天，杨老师带着她的作品《我为教育而来》来请我作序时，我欣然答应了。

杨老师是一位朴实无华却又内涵丰富而外显文雅和良好修养的女子。在我读过她的著作之后，我深切地感觉到她拥有许多我期盼的校长教师的品质和许多值得赞许的教育思想，于是我把这些感想和体会写出来，呈献给本书的读者。

教育是爱的事业。没有爱就没有教育。由于热爱而奉献，由于奉献而充实，由于充实而美丽。杨晚云老师的这本书，正是爱的教育的生动诠释。

如是，她在书中深情地写道：

我深深地热爱教育事业：爱我的学校，爱我的教师，爱我的学生。无论是年少青葱岁月在古祠堂做一名乡村教师，无论是而立之年有幸成为县城规模最大的小学的校长，也无论是近知天命之年就职于教学研究岗位，我对教育事业不改初心，情有独钟，热爱依旧，激情依旧，执着依旧，努力依旧。

我热爱我的专业：我喜欢语文，喜欢教语文，喜欢教孩子们学语文。我会为了指导孩子们写好作文，亲自体验养蝌蚪，真切地了解蝌蚪的成长过程；我会为了创设语文课堂的感动气氛，亲自作词谱曲亲自用吉他边弹边唱课文改编的歌曲。我热爱写作。我热爱生活，热爱大自然，热爱这个世界。

我热爱读书学习：不管世事多么繁杂，不管生活怎么热闹，我始终让自己的心灵世界保持纯净，气定神闲，潜心读书，享受读书。读书，让我的内心不断丰富。我热爱思考。因为思考，我用思想引领课堂，用课堂表达思想。

杨晚云老师的爱，发源于美好心灵。我以为，心是人性的总旨。心在人在吾在。心乃人之本体。天下之大，无非一心！人之一心，原是道之心，理之心，性之心。难怪乎，著名教育家陶行知先生说过，捧着一颗心来，不带半根草去。

中国优秀传统文化教导我们，万事万物自心开始。有人心，则有人性，有人性则有人理。天理在人心。理即性，性则心。心、性、理相通相连。有心尔后动。物为人用，事在人为。因物生事，物实为事。心动而意生，意生而行动，种瓜得瓜，种豆得豆。

在书中，杨晚云老师写道：

心若没有栖息的地方，到哪里都是流浪。我是一个用心的女人：用心于我的事业。我带着心儿上路，寻求着心灵最安静最踏实的停靠点。教育，敞开胸怀拥抱了我，成了我心灵最温暖的停靠所——心灵停靠在课堂时，我享受着课堂教学的快乐；心灵停靠在学校时，我享受着校园生活的丰富……

内心有爱的人才懂得感恩，懂得感恩的人才常被感动，常被感动的人才能体验到幸福，感到幸福的人才能体验到快乐，自己快乐的人才会想着去感动别人。

俗话说，皇天不负有心人。有耕耘必然有收获。杨晚云老师在播种爱的事业中，既有辛劳，也有愉悦，更多的是自我心灵的感动。她为教育事业付出了无限的爱，也因此收获了满满的温暖和感动，这正如她在书中所写的：

成功源自热爱。卢梭有句名言："当一个人一心一意做好事情的时候，他最终是必然会成功的。"我是一个成功的女人：我有幸福的家庭，有关爱我的亲人，有知心的朋友，有那么多我深爱着的老师和学生，有在事业登上的一个个高点。我的成功不在于我本人获得了多少荣誉称号，不在于我的集体获得了多少荣誉称号。而在于，学生真心爱我，老师真心佩服我，家长真心赞美我，领导真心认可我，我真心接纳自己。选定

了热爱的教育事业用心去爱，我有了愉悦的体验，就是成功。

是教育引领着我做一个有爱心、有修养、有智慧、有胸怀、有才情、有思想的人。因为内心有爱，积极向上；因为略去世俗浮躁，保持宁静心境；因为用心尽心，脚踏实地做好每一件事，我时刻体会到“人生顺利万事足”的感觉，内心时刻充盈着感动。

子曰：“天何言哉？四时行焉，百物生焉，天何言哉？”杨晚云的这本书，饱含着教育泥土的芬芳，既没有鸿篇巨制的理论，也没有佶屈聱牙的文句，更没有哗众取宠的煽情，内容丰富，感情朴实，文字秀丽，通篇闪耀着原生态的教育智慧和人文关怀。

是为序！

周德义[①]

① 序言作者：湖南省教育科学院博士后指导教授，湖南省教师教育学会会长。

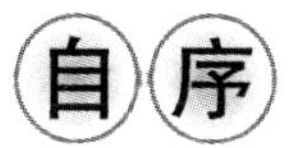

爱我所爱

每个人来到这个世上都是有使命的。我虽平凡渺小，微不足道，但我深爱自己从事的教育事业，我就是为教育而来。此生与教育牵手，教育便融入了我的灵魂。因为牵了你的手，今生注定更忙碌；因为牵了你的手，今生注定更幸福。

朱永新说："教育是快乐之源 。"我想说，因为热爱，所以快乐。

我深深地热爱教育事业：爱我的学校，爱我的教师，爱我的学生。无论是年少青葱岁月在古祠堂做一名乡村教师，无论是而立之年有幸成为县城规模最大的小学的校长，也无论是近知天命之年就职于教学研究岗位，我对教育事业不改初心，情有独钟，热爱依旧，激情依旧，执着依旧，努力依旧。一年又一年，我在酣畅淋漓的工作中，体会职业幸福感，找到人生归属感。

我热爱我的专业：我喜欢语文，喜欢教语文，喜欢教孩子们学语文。我会为了指导孩子们写好作文，亲自体验养蝌蚪，真切地了解蝌蚪的成长过程；我会为了创设语文课堂的感动气氛，亲自作词谱曲亲自用吉他边弹边唱课文改编的歌曲；我会在课堂上与孩子们融为一体，时而开怀大笑，时而潸然泪下；我会在批阅孩子们的习作时发现一个闪光点抿嘴暗喜。我敬畏语文专业，以心相许语文教学。

我热爱读书学习：不管世事多么繁杂，不管生活怎么热闹，我始终让自己的心灵世界保持纯净，气定神闲，潜心读书，享受读书。读教育

专著，读哲学书籍，读文学书。读书养气，让我变得淡定从容，变得素雅纯净，让我的智慧美过我的容颜，让我的内心愈加丰富。

身处偏僻小县城，为了拓宽教育视野，提升理论水平，我数次北上，几次东进，几次南下，参加教育培训，如饥似渴地学习；因为培训，我有机会走进国内多所名校实地考察学习。培训，考察，听、记、看、思、问、写，我在理论与实践间反复游走，不时地获取教育改革创新的源头活水，不时地产生新的憧憬，不时地生成新的创意。

朱子说：凡事，需思量到人所思量不到处。我热爱思考。因为思考，我用思想引领课堂，用课堂表达思想，我的课堂教学时教时新，让孩子们爱上语文；因为思考，我不断总结梳理管理成败的原因，不断调整管理思路，不断修炼管理艺术，让教师们日益接受我、喜欢我、支持我；因为思考，我在教学研究领域向纵深处发展，让我的研究更有广度和深度。因为思考和理性地批判，让我对教育的理解不断深刻、不断精准。因为思考，让我的灵魂高度不断提升。

我热爱写作。孩子们一个独特的眼神，老师们一个爱心举动，与人交流时听到的一个富有新意的观点，我都会随手记下，生怕稍纵即逝，丢失了那份美好。我用文字触摸灵魂，用文字体验人性之美，用文字传播生命的香味。因为内心总是有爱，因为总是坚守自己的信仰和追求，灵感不时地来亲吻我的脑门，让我在吐纳自我的过程中不断提升。

我热爱生活，热爱大自然，热爱这个世界。我跟着日本整理大师近藤麻理惠学整理内务，让我的书房一尘不染，书香四溢，让我的卧室素朴典雅，安静温馨；我每周会背着背包去爬山、去涉水，亲近大自然，欣赏大自然，感恩大自然；我会定期出去旅游，了解各地风俗民情、文化特色，一路阅尽人间美景，领略无限风光，收获满满，快乐满满，幸福满满。让我生命的花园中，总有花一般的美丽微笑。

专注源自热爱。心若没有栖息的地方，到哪里都是流浪。我是一个用心的女人：用心于我的事业。我带着心儿上路，寻求着心灵最安静最踏实的停靠点。教育，敞开胸怀拥抱了我，成了我心灵最温暖的停靠所——心灵停靠在课堂时，我享受着课堂教学的快乐；心灵停靠在学校时，我享受着校园生活的丰富；心灵停靠在培训课堂时，我吮吸着教育理论的雨露；心灵停靠在教育园地时，我享受着实现人生价值的幸福。

成功源自热爱。卢梭有句名言："当一个人一心一意做好事情的时候，他最终是必然会成功的。"我是一个成功的女人：我有幸福的家庭，有关爱我的亲人，有知心的朋友，有那么多我深爱着的老师和学生，有在事业登上的一个个高点。我的成功不在于我本人获得了多少荣誉称号，不在于我的集体获得了多少荣誉称号。而在于，学生真心爱我，老师真心佩服我，家长真心赞美我，领导真心认可我，我真心接纳自己。选定了热爱的教育事业用心去爱，我有了愉悦的体验，就是成功。

在教育之路上徜徉了30年，我尽力把自己的修养和欲望调节到平衡状态，因而时刻感受到被教育的阳光普照，浑身温暖，浑身舒畅，浑身力量。是教育引领着我做一个有爱心、有修养、有智慧、有胸怀、有才情、有思想的人。因为内心有爱，积极向上；因为略去世俗浮躁，保持宁静心境；因为用心尽心，脚踏实地做好每一件事，我时刻体会到"人生顺利万事足"的感觉，内心时刻充盈着感动。

内心有爱的人才懂得感恩，懂得感恩的人才常被感动，常被感动的人才能体验到幸福，感到幸福的人才能体验到快乐，自己快乐的人才会想着去感动别人。我心中有太多的感谢，感谢太多的成就我幸福教育人生的人。因为感动，所以行动——我要借文字铭记每一刻，用文字记录我的经历，用文字叙说我的心语，用文字表达我的感恩；用文字的温度，温暖着自己向着更远、更高、更宽厚的生命境界提升，同时温暖周围的每一个人，让周围的每一个人，能向真、向善、向美而生。

爱我所爱，幸福快乐！

值此从教30年之际，特出教育专辑《我为教育而来》，稚嫩浅薄，贻笑大方，但心至真至诚。

杨晚云

目 录 Contents

专辑一 教育是幸福的

哲学家罗素认为，知识分子的使命，就是为人类找到自由之路与找到幸福之路。人人都会追求幸福，教育者是公认的知识分子。教育人的幸福必然与“教育”密不可分。作为扎根于基层教育已达22年的教育人，从自身切身体会来看，此生的幸福基于从事的教育事业。用心于教育、尽心于教育、收获于教育，职业的幸福感衍生出人生的幸福。

专辑二 有爱，教育就有温暖

每个孩子，都是妈妈的最爱；每个学生，都是我的最爱。面对这些纯洁得如同白纸一样的儿童，能够接受的，肯定不是办学理念，不

是办学思想，也不是教育策略，而很可能就是那么一个母亲般的甜蜜的吻。能用我的真爱去教育引导一个个孩子成长，抑或在孩子的成长过程遭受到挫折或者被误解、被伤害时，能用真爱去抚平孩子有涟漪的心，也算是体味了为人师的一些意义了。

专辑三　走在研究的路上

“如果你想让教师的劳动能够给教师带来一些乐趣，使天天上课不至于变成一种单调乏味的义务，那你就应当引导每一位教师走上从事研究的这条幸福的道路上来。”不论教育家还是名师抑或优秀教师，教育教学科学研究在其教育实践生涯中起到了不可或缺的作用。很大程度上，这种研究丰富了他们的教育内涵、改善了他们的行走方式、优化了他们的生命状态，帮助他们走上了事业的高峰。

专辑四　管理之道

如果说经费、教师、设备是办好学校的三大要素，教师则是其中最关键的要素。管理的本质是“人为为人”，即“以人为中心”。任何人类的自觉活动，都需要有一定的规则和秩序，用以维护和巩固某种有效的活动方式，防止单纯的偶然性和单纯任意性的干扰。“这种规则和秩序，正好是一种生产方式的社会固定的形式，因而，它是相对地摆脱了单纯的偶然性和单纯任意性的形式。”因而，对教师的管理，有制度、法理可依，以教育之理论指导教师是至关重要的。

专辑五　我离教育家有多远

教育家有什么特质？教育情怀、专业能力、学识涵养、实践经验……能否成为真正的教育家不得而知。行走在走向教育家的路上，怎么走，走向哪里，却完全可以由自己决定。

心无旁骛地爱着我选择的教育事业，立足自己从事的教学研究工作岗位，敬畏专业，以心相许，重新启程，且行且思，一步步向教育家走近，走近。谨记：知行合一，口言之，身必行之。

专辑一

教育是幸福的

哲学家罗素认为，知识分子的使命，就是为人类找到自由之路与找到幸福之路。人人都会追求幸福，教育者是公认的知识分子。教育人的幸福必然与“教育”密不可分。作为扎根于基层教育已达22年的教育人，从自身切身体会来看，此生的幸福基于从事的教育事业。用心于教育、尽心于教育、收获于教育，职业的幸福感衍生出人生的幸福。

我是一个燕窠

我，是一个燕窠；我的心，永远属于燕儿。

（一）

背着沉重的行囊踏进我从教生涯的第一站——一座被风雨剥蚀的古祠堂，我傻愣了好一阵。现实与梦想的差距令人窒息。“农村可以没有工厂、银行，但却不能没有教育；人可以埋怨环境，但万万不可栽倒在环境面前。”我这样安慰自己。

“爱孩子的本性不会改变！”我的内心在说。

一团漆黑的夜晚，斗胆带着十多名学生到八里外的高沙看电影，《婉丽》感染了一个个学生，同样感化了“儿童化”的我；烈日当空的星期天，饿着肚子与学生爬山越岭观岩洞，白胡子老大爷讲的《先烈岩先烈就义的故事》深深打动了学生，我也跟着落泪；我风趣地激发学生——敢举手答问也算英雄，爱动脑筋你就是“小一休”；“大孩子”似的我和小学生采花栽花看花写花，惹来多少人羡慕的眼光；错别字被我比作堡垒，激励每一个学生去攻克……循循善诱，朽木可雕。瞧，乡村娃娃举手好踊跃，也会质疑问难了，敢上台结巴着讲故事了，会跳舞姿并不优雅地舞蹈了，甚至演小品还有了谈不上自然的表情……我好惬意！

母子般地，我一日离不开学生，学生放学了也舍不得离开学校。深深的师生互爱是一股强大的动力。我们12班“优秀班集体材料”送校、送乡、送区，还送到了县、市。“山村凤凰出壳了!”老校长自豪地宣称。

（二）

他从遥远的地方回来，几天几夜的“火车生活”，好倦好倦的，需要我的体贴；学生的疑难没有解决，心好急好急的。我偏向了后者。

他也曾为我与学生的深情所感动，拉下他火车司机的架子与我一道带乡里娃仔逛书店买书；同样是他，有一天终于“恍然大悟”：“这个姑娘的心不属于我吧？农忙假是学生的，寒假是学生的，一切假日工作日都是学生的。什么时候属于我呢?”

一次，他因手术住院了，两个星期对我的期待是徒然，带一腔伤感赶回来，想得到些许的慰藉。当时学生急于排练庆祝“六一”节目，我不得不又冷落他。拖着虚弱的身子独自一人赶来，带着失望又独自一人离去，他，刚强的男子汉落泪了。

以后，他不再来过。我无怨气，却有内疚。他与学生是矛盾的吗?爱的天平不该这样倾斜吗？我好一阵困惑，而一旦置身于学生之中，我又释然了。

生命属于教育事业，心属于学生；爱情无比崇高，师爱也很伟大。这，对于我来说，义无反顾。

（三）

不曾想到过爱的回报，但又时时享受着爱的回报。

年近50的家长领着一对儿女给20岁的老师拜年了，还放着鞭炮。村里的人都凑过来看热闹。我能否领受这份心意?

仅仅是一场小小的感冒，也仅仅因为学生无意之中在家里说“杨老师病了”。一个寒风凛冽的夜晚，一对中年夫妇送来了三条足有一斤一条的新鲜鲤鱼，口里说了一句“今天我们起了鱼，老师补补身子吧”就投入了夜色之中。我伫立于门前许久许久……

身处偏僻的乡村，教的是农家后代，从不曾想过“名声”二字。而学生文章发表了，毕业考试年年在区里夺冠，中队拥有了“邵阳市双学优秀中队”的称号，二十出头的妹子评上了“省优”，甚至将相片刊在县委大院公众场合……这般殊荣，哪儿敢当？

忆及夜深人静之时，逢年过节之日，茕茕孑立、形影相吊的情景，也少不了落寞之感，但却能从学生的成长、自身的进步中解脱出来。

名声是学生带来的，丰富的我是孩子们塑造的——普天之下的教育工作者何等幸福！

（四）

身居乡下，没有外出学习的机会，缺少现代化的教学装置设备，一切几乎是“白手起家”，实现更多的“独我”价值。一本《湖南教育》、一册《小学语文教学》，往往啃到半夜。学管理方法，跟教改步伐，于书中求新知，以新知促创新。嘿！农村孩子同样处于量化管理之中，同样享受到“欢欢喜喜写作文”的乐趣，同样泪眼婆娑地跟着老师进入情境体会卖火柴的小女孩的悲惨命运，也同样办班级小报、当“播音员”。

走“情感”与“科学治理”相结合的路，何愁孩子们不能健康成长？爱心永驻孩子心田，改革创新永驻我脑中。

（五）

深知燕儿长大了都将飞走，也许它们不再把窠儿惦念。只要燕儿能飞行、能搏风浪，窠儿即使被风雨打落，也无怨无悔。

窠心，永远向着蓝天；我心，永远属于学生。[①]

① 此文写于1990年11月，获洞口县教师征文比赛一等奖第一名。

教育与幸福

哲学家罗素认为，知识分子的使命，就是为人类找到自由之路与找到幸福之路。《幸福教育论》的作者刘次林提出幸福与教育具有天然的内在联系，“幸福是教育的终极目的”。人人都会追求幸福，教育者是公认的知识分子。教育人的幸福必然与“教育”密不可分。教育能否让人幸福？教育人是否有幸福感？教育人的幸福体现在何处？笔者作为扎根于基层教育已达22年的教育人，从切身体会来看，此生的幸福基于从事的教育事业。用心于教育，尽心于教育，收获于教育，职业的幸福感衍生出人生的幸福。

“教育的幸福”具体应该落实到教育者和受教育者的幸福。教育的目的是指社会通过教育过程，要在受教育者身上形成它所期望的结果或达到的标准，即促进人的发展。教育的根本任务是培养有独立人格，可以适应社会，有良好道德感可以驾驭生活的人。教育的目的和任务揭示的一个非常明晰的观点就是：受教育者发展自我，体验成长，体验成功，必然幸福。

苏霍姆林斯基说：“教育的终极目标不是传授知识，不是培养能力，而是让每一个孩子都能够幸福地度过自己的一生。”俄国教育家乌申斯基说：“教育的主要目的在于使学生获得幸福。”教育是让学生获得人生幸福已经成了教育人的共识。

幸福需要幸福去感染，幸福需要幸福去传递，幸福需要幸福去引导。要想培养幸福的人，教育者本人就必须做个幸福的人。

什么样的教育人才是幸福的?

多年的教育生涯，笔者有一个最真切的体验：没有爱就没有教育，没有爱，就没有教育的幸福；爱是教育幸福最有效的密码；教育幸福源于教育者内心充盈着丰富的爱。责任感是人的高层次的品质，能够尽责才有幸福。梁启超说："人生需知尽责任的苦处，才能知道尽责任的乐趣。"维克多·费兰克认为："只有以'负责'来答复生命，能够'负责'是人类存在最重要的本质。"教育者立足教育事业尽责付出，自身就能体验尽责带来的快乐与幸福；呼唤学生责任心、培养学生责任感，让受教育者成为有责任心的人，在学习上获得成功，为日后走向社会奠定品行基础，受教育者必然能体验成功带来的快乐与幸福。

教育者内心充满爱。爱事业，爱集体，爱学生，爱一切需要爱的人；爱人生，爱生活，用"爱心"去引领受教育者爱自己、爱亲人、爱朋友、爱祖国、爱人生。当爱充盈着整个教育领域的时候，付出者、接受者、回报者自然就是幸福的。

笔者在 20 年前曾关爱过一位学生。20 年后，这位学生在广州帮助了两位受害妇女，当两位妇女执意要感谢他时，他唯一要求的回报就是请两位妇女告诉他的小学老师我，想让我知道：您的无私关爱已经深入我的灵魂深处，那就是懂得了有一种幸福是用爱回报爱。而作为一个教育人，则体会到，有一种幸福，就是能让爱传播、能让爱传递、能让爱传承。

教育者富有责任心，自然能让事业获得成效。做教师，把整个身心献给学科、献给课堂、献给学生，走进学生心灵世界，真正了解学生，理解孩子，和学生一起读书、一起成长，体验学科教学的成功，寻求做教师的幸福感和成就感，把自身在职业中体验到的幸福感和成就感再播种在孩子的心田，让孩子们在教师的引领下长知识、增智慧、提升综合素质，也能体验到成长的幸福感和成就感。有人说，"教育是缔造幸福的事业，校长感到幸福了，才可能真正带领教师和学生去追求幸福。"做校长，高度尽责，把整个身心献给学校。以“理”服师，以“情”动师；以“智”导师，带出一支优秀的教师队伍；走近儿童，观察儿童，研究儿童，教育儿童，引领儿童，用专业情怀、专注的心，进行专业的儿童教育，让儿童在学校的成长达到最优化。校长用自己的幸福感去提升教师的幸福感、创造教师的幸福生活，让教师工作着、快乐着、幸福着；用自己的幸福感去感染孩子们，让学生学习着、快乐着、幸福着！学校教育的真正价值是能让师生都得到发展，让学校得到发展。师生的发展、学校的发展就是校长最大的成功和幸福。管理者、被管理者都有幸福感，教育的终极目标自然就会实现。

古希腊人言：“身心既美且善”乃教育的本质。教育必须追真、向善、求美，教育必须幸福；与爱同行，有责任相伴，教育即能幸福。①

① 本文于2009年9月发表于《湖南教育》，有改动。

成功需要一颗快乐的心来支撑

孩子们，今天杨老师要跟大家聊聊天。希望你们能认认真真地听，有什么不明白的地方，下课后可以来我办公室跟我交流。

日本有一家叫“八百伴”的全国最大的零售集团，集团总裁叫和田一夫，他每天必做一件事情，就是坚持写“光明日记”，里面记录的全是快乐的事情。快乐的回忆快乐的心情让他的企业大获成功。

请觉得快乐的同学扬一扬眉毛，扬眉吐气，表达一下你的快乐心情；请刚才没有扬眉毛的同学笑一笑。孩子们，只要你能笑对人生，有良好的心态，你的一切也许就会因此改变。

（一）

我最近跟老师和家长交流，发现有的同学“生病”了，生什么病呢？不是感冒，不是肚子疼，也不是头痛。那是什么呢？告诉你，有些同学心理上生病了。心理上也会生病吗？是啊，心理上也会生病。心理上生病有什么症状呢？下面就请同学们根据我列的症状一一对照，看哪位“医生”医术最高明，一下子就对自己做出正确的诊断。

不健康心理的主要表现：

（1）轻微的脑功能失调。有这种症状的人，注意力分散，容易冲动，对自己喜欢做的事过度兴奋，对自己不喜欢的事老是发脾气。我在给四年级的同学上思想品德课的时候，发现有几个同学上课非常不专注，下课很喜欢和同学发生冲突。应该属于这类毛病。

（2）情绪异常。有这种症状的人，往往过度焦虑，很敏感多疑，对自己没有信心，情绪急躁，害怕老师的批评、同学的议论，过分在乎自己的成绩。五年级有个班主任跟我反映，说班上有个女孩子特别敏感，老师都不敢多看她一眼了，生怕又触及她的哪根敏感神经。

（3）行为问题。有这种症状的人，往往喜欢说谎话、逃学、乱拿别人的东西、搞恶作剧，喜欢跟老师、家长闹对立。上周一我在校园巡视，看到六年级二班和六年级三班的教室交接处，有 3 个男生对着一楼的同学吐口水，看到口水吐在别人的头上或者身上就很兴奋；也看到三年级三班一个同学在放学的时候，站在三楼往一楼同学身上扔矿泉水瓶子，也以别人受到伤害感到快乐。还有的同学看到学校出的美观的黑板报，以随意擦掉字迹为乐……同学们，这种恶作剧行为就是心理不健康的一种表现。孩子们，你没有想到吧，原来有的同学心理生病了，这可不是小事哦。

（4）性格异常。有这种症状的人，往往性格非常忧郁，孤僻内向，不喜欢跟同学老师交流，喜欢嫉妒别人，生怕别人比自己强。

同学们，以上就是我们小学生不健康心理的主要表现。预防和矫正这些不健康的心理非常重要哦。

（二）

怎样保持健康的心理呢？

第一，建立良好的人际关系。

学会关心他人，关心集体，与同学、老师、亲友多交流多沟通。没有谁的心灵永远是一尘不染的，也没有谁是不需要别人关爱的，所以一定要学会与人交流沟通。

第二，培养自己乐观而稳定的情绪。

乐观积极的情绪可以促进心理健康，悲观消极的情绪会妨碍心理健康。乐观可以分泌一种叫作内啡肽的物质；悲观也会分泌一种物质，叫作去甲肾上腺素。

什么叫乐观、什么叫悲观呢？举个例子：桌子上摆着半瓶水，乐观的人会说："很好，我的杯子里还有半杯水，只要再加半杯就又可以满了。"而悲观的人会唉声叹气："唉，只有半杯水了，再少一点就没有了。"

同学们要正确对待失败和挫折，克服消极情绪。任何不快乐的事情一旦发生就无可挽回，这时再痛苦难受就是雪上加霜，不如向前看，不再向后看，靠以后努力。

杨校长希望同学们培养自己多方面的兴趣，保持好的情绪。可以唱歌、打球、跳绳，甚至积极地捡拾地上的垃圾，也许你就会觉得把烦恼打发掉了。我曾经跟同学们讲过教育专家提及的快乐人生三句话，高年级的同学还记得吗？每天你多想想快乐的事情，你就会快乐；你老是想烦恼的事情，你就会烦恼；你总是想可怕的事情，你就会害怕；你总是想失败的事情，你也许就会失败。拿破仑有荣耀、有权利、有财富，但是他说这一生从来没有过一天快乐的日子。海伦·凯勒又盲又聋又哑，但是她却说："我发现生命是这样美好。"上次三、四年级的同学写读书心得比赛，就是写的海伦·凯勒的故事《假如给我三天光明》，大家都对自己内心的渴望表达出了真情实感，绝大多数同学的内心阳光普照、乐观开朗，我很欣慰。

那么，快乐人生哪三句话必须记住呢？

心理健康的人喜欢说"太好了"；心理患病的人爱说"太糟了"。同学们从小就要培养自己带着微笑看世界的心理品质。

勇敢的人常说"我能行"；胆小懦弱的人爱说"我不行"。"我能行"是成功的人必备的心理素质；"我不行"是失败者失败的主要原因。哥伦布曾经说过，世界是勇敢者的。所以同学们一定要树立信心，相信自己能行。

快乐的人常说"你有困难吗，我来帮助你"；烦恼的人常说"我总是有困难，你来帮助我"。同学们，快乐人生三句话都记住了吗？请大家跟我一起诵读："太好了！""我能行！""你有困难吗？我来帮助你！"

（三）

孩子们，我们怎样才能成为一个既快乐又成功的人呢？

第一，请同学们正确树立自己的人生抱负。

如果你成绩比较好，可以把自己的抱负定位为考全班前几名；如果你成绩不够好，你可以多加强锻炼，争取在运动会上取得好名次；或者你打字速度很快，你就可以申请参加县里的打字比赛……不是每个人都要盲目地争取考试成绩第一，而是根据自己的实际情况去确定目标。只要有了目标，然后你付出努力，你就会觉得自己有事可做，你就会觉得充实、快乐。

第二，要注意用脑的卫生。

饭前要洗手，同学们都知道；但是用脑也要注意卫生，你也许不知道吧？首先要多开动脑筋，努力学习。常动脑筋的人就能形成优势的兴奋中心。其次又要让大脑适当休息。注意多参加体育运动。比如下课的时候可以跳绳、打球、下棋等。这样有利于大脑休息。然后要坚持合理的作息制度，一定要早睡早起，保证充足的睡眠。一般来说，一、二、三年级的小朋友每天要睡 11 小时左右；四、五、六年级的小朋友每天要睡 10 小时左右。

第三，要培养良好的性格。

孩子们，一定要学会爱。爱祖国，爱集体，爱劳动，爱科学，爱朋友，爱同学，爱长辈，心中有爱的人往往就会很快乐，心理也会很健康。六年级（5）班的同学接受了扫学校会议室的卫生任务，我发现他们每个人都很尽责，每天都完成得很好，我每次都会夸奖他们，他们也觉得为集体争了光很快乐。

（四）

孩子们，人生在世，每个人都会遇到来自各方面的压力。我们怎样释放内心的压力呢？

杨校长要管 3000 多名学生、80 多名老师，压力也很大。面对压力，怎么来释放呢？根据我的体验，结合心理学专家的建议，请同学们从以下几个方面去学会释放心理压力。

第一，学会倾诉。

倾诉很适合释放压力。找老师，找父母，找朋友，找同学，把自己的不快乐，把自己的压力说出来，也许他能帮你出主意，也许他能真心感受你的不快乐，总之说出来就轻松了。当然要找准人，不要见人就说，有些人会把你的隐私传播出去，反而适得其反，导致新的烦恼。但是一般的人都能做到真诚待人，你越是相信他，他越会保护你。只要同学们信得过，杨校长乐意做你们的知心朋友，每一个老师也乐意做你们的朋友。同学们有了压力可以随时找我倾诉倾诉。

第二，适度参加体育运动。

多参加体育运动能释放心理压力，你可以跳绳，你可以打球，你可以跑步，你可以做一切有利于身体健康的活动，依靠体育锻炼释放压力。

第三，可以听节奏感强、旋律欢快的音乐。

孩子，当你特别烦恼郁闷的时候，可以看中央三台，可以上网找音乐，也可以打开家里的音响，放一些节奏感强、欢快的音乐听一听，随着音乐动一动，可以大大缓解内心的压力。

第四，可以呐喊、唱歌、诵读。

你可以一个人在家里大声呐喊，你也可以到楼顶去呐喊，你甚至可以到一个空旷的地方大声呐喊。大声地唱歌或者诵读也是释放心理压力的好办法。日本人现在特别提倡诵读，据说诵读有利于健康，也有利于释放心理压力。

第五，可以痛哭。

孩子们，面对烦恼和困难，我们除开选择坚强以外，也可以选择痛哭。大声痛哭不是丑事。男同学也好，女同学也好，当你特别压抑或委屈的时候，都可以选择痛哭来释放压力。

曾经有个同学给我提意见，杨校长，你怎么总是那么严肃？我们喜欢看到你微笑。的确，笑是美好的。我愿意看到每个同学每天都笑得像花朵一样灿烂。我也要接受同学们的批评，多多微笑。孩子们，让我们从今天开始，从此刻开始，学会做一个快乐爱笑的人。当你有了好的心情，你就有了好的精力，你也就有了好的人生。成功，需要一颗快乐的心来支撑。记住——我们都“能行”，一切都“太好了”，我们乐意去“帮助任何需要帮助的人”。

同学们，我们今天的集体交流就到这里。杨校长随时欢迎同学们来我的办公室跟我单独交流，我愿意做你们最忠实的听众。①

① 本文为笔者于2009年12月为小学生做的一个心理辅导讲座。

以“爱”为航灯，引领从教之路

高尔基说：“只有热爱孩子的人才可以教好孩子。”的确，爱是教师的灵魂，是教师事业成功的力量，是唤起学生自尊自强的兴奋剂，没有爱便没有教育。魏书生、董大方两位教育专家、师德标兵，都有一颗真挚的爱心——爱人生，爱事业，爱学生。因为付出了爱，他们才得到了爱的回报：事业的成功、学生的成长、家长的感激、社会的赞誉。

一、对师德报告内容的理解

爱，是师德内容的核心。因为爱，使魏书生老师有了“民主观念”。他爱同事、爱下属、爱学生，所以他实行的是“民主管理”。他主张“全体学生老师校长干部都要成为提高自身素质的主人”，这是“以人为本”重要思想的体现，也是“爱”人的表现。他说，“人，首先要爱自己，然后将个人、他人、集体、国家利益统一起来，通过为别人工作，实现自我价值、社会价值。”这是真情的流露，无丝毫矫情，不是空洞的口号、无力的说教，是一种让人能接受的观念，是人人能做到的指令。魏老师的“民主管理”还体现在他的“助手观”“商量观”。按理说魏书生算是才学一流、能力上乘的大教育家，然而他说他只是老师们、副主任们、学生们的助手，所做的一切无非是“帮大家搭台子”。没有对周围人无私真诚的爱，他是不会达到“甘当人梯”“乐当人梯”的境界的。

倘若芸芸众生都具备了这种思想，人生也就少了“名利二字好辛苦”的感叹了。“我的唯一长处就是多商量。”“商量”这个平凡的词语，却让魏老师掂量出了那么重的分量。从其“商量观”，我领悟到了什么叫尊重，什么叫平等，什么叫真正意义上的民主。魏老师名扬天下，职位不低，权利不小，然而他凡事不忘商量。的确，商量让人感受到了平等，商量出了一个个良策，商量产生了好的管理效益、教育教学效果，与人多商量，便是爱他人。因为爱，还使魏老师发出了“改变人的苦乐观”的感慨。他说，“学习、工作、尽责、助人是享受。”其实这正是他的“爱”的理念最深层次的体现。爱学习，就能“广闻见，增智虑”；爱工作，就能干出成就，服务于社会；尽职尽责，能干好本职工作；助人，就会让他人受益。当一个人把“学习、工作、尽责、助人”看成了人生享受的时候，人生给予他的，将不再是沉重的压力，而是无穷的魅力了。这样，他就会笑对人生，体验到人生最大的快乐和幸福。

董大方老师报告的内涵，我认为可以归纳为“尊重”二字。“受尊重”是人最高层次的心理需求。“尊重”来源于“爱”。她尊重同事、尊重学生，所以积极主动地向同事、学生学习；她尊重他人，所以学会了宽容；她尊重“有问题”的学生，所以能感化教育他们；她因为尊重学生而把学生看成是学习的主体，因而能探索出“课题研究形式学习方法”。董老师在报告中所列举的一个个生动感人、催人泪下的案例，更能体现出她尊重学生、爱学生的高尚师德、情操。向学生鞠躬表示歉意，为了与学生侃足球而去背《足球报》，花 80 元钱去体验打电游的滋味，与孩子立下一条条守约的字据……因为有爱，才有了这一系列超乎常人的举动，因为有了爱，才使她达到“为人师”的最高境界。

二、对自己师德行为的剖析

北师大校训为“学为人师，行为世范”。魏书生、董大方两位名师正是用“爱”为航灯，指明了自己的从教之路，成了“人师”“世范”。“以人为镜可以明得失”，对照名师看自己，展示给世人的是何种形象呢？

先谈“德高为范”。同名师一样，本人也酷爱自己所从事的教育事业，也深爱我的教育对象——每一个学生。因为爱事业，我也有很强的奉献精神、一定的钻研精神。因为对学生有真爱，所以做到了爱优等生，爱“德困生”，爱“学困生”。我的教育座右铭是“捧出一颗心来，不带半根草去”。为了很好地履行这一诺言，我痴情于教育事业，并在14年的教育历程中为之付出，且取得了事业上的点滴成功。因崇尚爱的教育，付出了爱的行动，所以也曾获得过“全国优秀教师”“湖南省十佳师德标兵”的殊荣。“爱”便是我奉献的动力，事业取得成功的源泉。然而，本人虽在事业上有所付出，也无非只是一个“讲奉献”的雷锋式的先进人物而已。以教育大家为镜，能为“人范”吗？正视自己的弱点才是明智之举。一是没有树立远大的理想信念，凡事只是下意识地去做，行动盲目性太大，没有追求高目标，因此最终没有一定的高度。二是没有树立正确的“苦乐观”，能“以甜为乐”，学生进步了，自己成功了，能快快乐乐；不能“以苦为乐”，遇到挫折、困难时，往往表现出失望、悲观、退缩情绪，不能做到宠辱不惊、笑对人生。三是个人品位不高，没有追求做人“个性化”，只求做个好人，不曾想过做能人、雅人、高人；可谓一位“良师”，但不能成为“明”师；对人生、对教育的探讨不深入，浅尝辄止，缺少深度。

再谈“学高为师”。如果说本人在“德高为范”方面还有可取的“奉献精神”的话，那么在“学高为师”方面则明显不足。

首先，本人不太喜欢读理论书籍，不太会读书。具体表现在：第一，各类名著读得过少，不能用高深而有效的理论武装自己的头脑。第二，从小到大，学习知识只顾一味地吸收，不能主次分明地进行合理地消化，成了“有知识、没文化”之流；第三，学知识只图实用性，不求全面性、多元化，人文知识懂点，自然科学知识有限，掌握知识不全面，没有系统性；第四，不注重将所学知识进行整合，知识缺乏系统性。心理学家胡振开教授谈到学生最厌恶“不学无术”的老师；人民教育杂志社总编傅国亮也说“要想获得事业上的成就，一个重要法宝就是让读书学习成为习惯”。魏书生、董大方正是因为酷爱读书，才有了教书育人的

“源头活水”。毋庸置疑，要想“学高为师”，必须摒弃不爱读书、不会读书的陋习，而要让“读书成为习惯”。

其次，不善于积累。一是积累意识不强，误以为事小用处不大，记下也无大用，用时再记也不迟，长久以往，积累习惯就无法形成；可以说教书育人十多年，许多典型案例也不少，但因没有及时记录，许多案例现已付诸东流，头脑一片空白。二是积累面不广。人间处处皆学问，而本人局限于在窄小的圈子内积累有限的知识，因而知识面不广。由于许多稍纵即逝的材料没把握好，说话、写作可信手拈来的材料也就非常有限了。

再次，理论素养不高。一是源于不善于系统地学习有关哲学、文学、教育学理论专著；二是对所学知识缺乏整合；三是凡事停留在表面，凭感觉多，理性思维少，思维全面性、深刻性不够。教育最高的本质应是达到理论思维的制高点，因而本人必须不断培植理性思维，使思想趋向深刻、成熟。

最后，知识缺乏更新。21 世纪是信息时代，知识更新速度不断加快。由于本人所在地地域性的限制，获取外界信息的途径相对少些，加之学习意识不很强，因而导致了知识的老化。

看着同行这么优秀，“临渊羡鱼，不如退而结网”。既然已正视到了自己的缺点，就不怕达不到自己新的高点。以名师为榜样，以“师爱”为航灯，照亮自己的从教之路，如他们一般爱人生、爱事业、爱学生、爱学习、爱思考，达到人生最高境界，“为师”“为范”，权且将这作为本人从教之路的追求吧。①

---

① 本文为笔者 2001 年 10 月在辽宁师范大学参加国家级小学语文骨干教师培训听魏书生、董大方师德报告有感。

上善若水，向美而生

各位领导，各位朋友：

大家好！

感谢县委宣传部给我一个讲台，让我有幸来跟大家交流关于道德的话题。

看过老子《道德经》的请举手。说说你最喜欢里面的哪些名句。（互动）

我最喜欢第八章："上善若水。水善利万物而不争，处众人之所恶，故几于道。居善地，心善渊，与善仁，言善信，政善治，事善能，动善时。夫唯不争，故无尤。"

因为喜欢，所以选择。我把今天讲座的题目定为"上善若水，向美而生"。（阐释为：最有修养的人像水，纯净，清亮，无我；心中有希望，有爱，有责任，并把爱和责任像煦暖的阳光一样，绵绵无尽地向周围辐射，她就是美丽的，就是向美而生。）

英国当代著名学者巴克莱博士在《花香满径》开篇中说："幸福的生活有三个不可缺少的因素：一是有希望；二是有事做；三是能爱人！"是的，我也非常赞同这种幸福观，有希望，有事做，有爱心的人，就一定是道德的典范，是德行高尚的人，就一定是个幸福的人。今天，我就围绕着理想、责任、付出爱来谈关于道德的话题。

（一）

有希望。

希望，就是心里想着达到某种目的或出现某种情况，“有希望”就是有目标、有理想。

哲学家费尔巴哈说过，一个人有了目标就有了牢固的根基，最大的不幸就是漫无目的。一个有理想的人，才会去修炼自己的德行。为什么抗战时期延安那么穷，全国却有大批青年越过封锁线，奔赴延安？这就是因为他们心中有理想、有目标、有希望。我最初被分配在偏僻的曲塘村小，被我的亲叔叔嘲笑。但是我有梦想，我一定要当一名学生喜欢的老师。几十年来，我就是为“当一名最好的老师”这个目标在不断地努力，努力，最终成就自己，造福社会，被评为湖南省首届十佳师德标兵，被当做道德典范，有幸在这个台子上跟大家交流……我要说的第一个观点就是：有德行的人一定要树立正确的人生理想；良好的道德修养是实现理想的保障。

（二）

有事做。

有事做的第一点：有责任心，敢于担当。英国教育家维克多·费兰克说：“每个人都被生命询问，而他只有用自己的生命才能回答此问题，只有以负责来答复生命。”因此，“能够负责”是人类存在最重要的本质。

责任心，是指一个人对自己和他人，对家庭和集体，对国家和社会所负的责任的认识、情感和信念，以及与之相应的遵守规范、承担责任和履行义务的自觉态度。责任心与自尊心、自信心、事业心、慈悲心等相比，是众“心”中的核心。责任心是衡量一个人成熟与否的重要标准。责任心是一个人做人、做事的基础。一个人的责任心如何，决定着他在工作中的态度，决定着他工作的好坏和成败，决定着他的人生的高度，也决定着他的道德水平的高低。

家庭需要责任心，在家应该做一名有责任心的人：赡养父母，孝敬老人，做一名孝子；相知相扶，做一名合格的妻子或老公；对子女要加强教育，做一名合格的父亲或母亲。勇于承担家庭责任，家庭才会美满、生活才会幸福（案例：感动洞口人物曾光通的故事：妻子瘫痪了，16 年如一日精心护理，传为洞口佳话）。

社会需要责任心，只有我们每个人都有公德心，才能使我们的社会安定、和谐。大家应该还记得，前几年，我们县城出城口的几条主要公路两旁，有很多垃圾。每次看到那种场景，我心里都有很痛的感觉：市民素质怎么低到如此程度？公德心何在啊？好在现在洞口的环境卫生已经一天天变好了。足以让人得到安慰。

工作更需要责任心，忠于职守、勤勉尽责是一名员工起码的职业操守和道德品质。如果你想跨进成功之门，就必须持有一张“责任心”的门票。有了责任心，一定会认真思考，勤奋工作，细致踏实，实事求是；有了责任心，做每一件事都会坚持到底，按时、按质、按量完成任务，圆满解决问题；有了责任心，一定能主动处理好分内与分外的工作，有人监督与无人监督都能一样工作；有了责任心，一定会从大局出发，以工作为重，而不会只把精力放在揣摩领导的意图、了解领导的好恶上；有了责任心，一定会做到不为失败找借口，只为成功想办法；有了责任心，一定会忠于职守，尽职尽责，勇于承担责任；有了责任心，一个人才会把自己的生命与别人的生命联系起来，才会产生自我价值感。每个人的岗位不尽相同，所负责任大小有别，但要把工作做得尽善尽美、精益求精，却离不开一个共同的因素，那就是具备强烈的事业心、责任感。（互动：在天安门广场看过升旗仪式的有多少？看后你有什么感想?）我听人讲过关于国旗班的一个感人的故事：一次，在从驻地向天安门城楼开进准备升旗时，三班长苏星突然感到右脚钻心般地疼痛，他咬牙一直坚持到升完旗返回驻地，在脱马靴时，他才发现马靴脱不下来了，原来一颗铁钉刺穿了鞋底，深深地扎进了他的脚底，脚和靴子早已连成了一体，最后在战友们的协助下，好不容易他才忍痛将马靴从脚上拔下来，鲜血已经流了半靴筒……国旗护卫战士威武豪迈的英姿背后，有那么多鲜为人知的故事，为了五星红旗永远高高飘扬，他们用高度的责任心在履行职责。

有事做的第二点：爱学习。科学大师爱因斯坦有一句名言：人的差异在业余时间。中国人民大学教授王琪延博士带领他的课题组对全国城市居民的生活时间进行抽样调查发现，我国城市居民一周平均每日工作时间为 5 小时 1 分钟，个人生活时间 10 小时 42 分钟，家务劳动时间 2 小时 21 分钟，闲暇时间 6 小时 6 分钟。四类活动时间分别占总时间的 21%、44%、10%、25%。闲暇时间占人生命的四分之一。

业余时间如何用？这里大有讲究。有的人，利用业余时间加强文化、专业学习，不断提高自己的专业水平；有的人把业余时间用于打牌、闲扯、看电视，两相对比，后者的能力就像跷跷板，这一头肯定会低下去。许多人去欧洲考察，印象最深的是地铁里很多人都捧着一本书。一个民族的精神境界，道德水平，在很大程度上取决于全民族的阅读水平。一个不爱读书的社会是人文精神缺失的社会，一个不会读书的民族是缺乏创造力的民族。在许多发达城市，很多女人会花费高额的学费利用业余时间进修。有人问一位非常专注听讲座的母亲："你的家庭结构是什么样的？为何要来进修？"这位女士回答："我是孩子的母亲，我教好一个孩子，就是为国家的发展减少一份负担。"去年，我先后在长沙的小学和洞口好几所小学同时做过家庭教育讲座，让我感觉到非常担忧的一点是：我们的父母亲对孩子的教育尽了多少责任？一组数据对比：我在某镇小学做家庭教育讲座，总共来了将近 150 名家长，父母到场的不到 20 个人（绝大部分是爷爷奶奶）；同样，在长沙雨花亭小学做家庭教育讲座，一年级 4 个班来了将近 200 名家长，仔细观察了一下，仅仅有 4 位爷爷奶奶代替父母亲。经济欠发达地区的隔代家庭教育问题，值得我们深思。

我们还要学习什么呢？

第一是向好人学习。学习他们闪光的品质（故事：《最好的风水是人品》）。

从前有位风水先生，进山寻找风水宝地，在山里走了几天几夜，迷了路，又饥又渴，疲惫万分。最后他终于从山上转出来，走到山下一个村子，见一户农家柴门开着，就气喘吁吁地过去叩门。

一农妇正在忙家务，见风水先生叩门，就将他让了进去。风水先生问：“大嫂，能不能讨碗水喝?”村妇用葫芦瓢舀了一瓢水，正要递给他，又问了声：“你怎么气喘吁吁的?”风水先生说：“在山里迷了路，又急又累，又饥又渴，嗓子眼儿都冒烟了。”村妇转身从身边的草料筐里抓了一把喂驴的干草，扔到瓢里，将水瓢递给风水先生：“给你。”风水先生觉得受了莫大的侮辱，但是，面对一瓢水，饥渴交加的他还是接过来，慢慢地吹着干草，小心地喝了起来。

风水先生在这户农家住了几天，农妇一家待他十分周到热情，确是一户淳朴善良的人家。风水先生在附近看中了两块风水宝地，临告辞，他为感谢农家的招待，想报答，但因心中对那把干草耿耿于怀，就将次一点的那块地指给农家看：“这是块风水宝地，将先人葬于此，家必兴旺。”

十多年过去了，双方未通音信。后来，风水先生又一次路过该地，见一户深宅大院的人家正在办喜事，一问，方知是本地最大的富户。风水先生上门，见大户人家的主妇，正是当年招待自己的那位农妇，那农妇已成了阔老太太。老太太对风水先生当年的指点十分感激，宾主晤谈极欢。风水先生忍不住问：“大嫂，当年刚一见面，您为何待我那么刻薄，给我的水瓢里撒了一把干草?”

妇人一愣，继而大笑：“先生误会了，您不是气喘吁吁，说自己几天又饥又渴，嗓子眼儿都冒烟了吗?我把水瓢直接递给您，您要是大口地喝凉水，那不容易把肺喝炸了?我给水里撒点东西，是为了让您慢慢地小口喝。”话未了，风水先生已泪流满面。风水先生姓邵，名雍，世称百源先生，北宋理学家。

当我看完这个故事的时候，我的内心很震撼，被这种来自陌生人的爱而感动。多么善良聪慧的农妇，是她用一种真诚的善意和大爱，感动了风水先生，感动了每一个读者，也为自己迎来了最美好的人生。这就是好人，值得我们学习的好人。

第二是要学礼乐文化，成就君子风范。中国传统文化的核心是礼，大到国家典制，小到衣食住行，待人接物，处处都遵循礼的精神。谦恭做人和礼貌待人，是一种境界，更是一种智慧。我甚至觉得这也是一种崇高，崇高应该走进我们平凡的生活。（前不久跟一个朋友聊天，他谈道：到某某局去办事，办事人员的脸拧得出水，鼻子嗯嗯的，爱理不理，如果不是要求他办事，恨不得揍他一巴掌。到另一单位去办事，局长竟然给倒了一杯水喝，觉得那杯水比蜜糖还甜，到哪里都在赞美那个局长。）讲礼仪就是讲道德的具体表现。

第三是要学习人文知识，要有人文精神，做一个人文底蕴丰富的人，要懂历史、懂地理、懂文化。中国的学生文理分科太早，这样的结果是，文科生缺乏现代科学基础知识，理科生远离传统文化。于是不少人带着先天不足的知识结构进入社会，汇入大众，形成了大众素质的缺陷（听说过这么一个案例：北京某大学一名图书管理员把《钢铁是怎样炼成的》当成冶金类书籍分类）。人文知识底蕴深厚，才能彰显道德的魅力。

有事做的第三点：热心公益事业。我认为应该尽能力做一些对单位、对学校、对他人、对社会有意义的事，我们年轻的时候叫学雷锋做好事，现在比较时尚的说法是做“义工”或者说当“志愿者”。志愿者也好，义工也好，做的都是公益事业。我喜欢并且特别尊重那些义工，那些志愿者，他们就是道德的典范。（洞口九中一位年轻老师，身患重症，但是特别乐于做有意义的事，和学生一道参与志愿者活动，在学校，在县城参加了许多义务劳动，把关爱献给了许多需要关爱的人，活出了生命的质量，真的很让人感动。）回看 2008 年北京奥运会，赛场内外，街头巷尾，那些亮丽的蓝色身影，那张张灿烂的笑脸，他们就是志愿者，他们没有金牌，没有银牌，但是他们拥有“参与、奉献、快乐”的自豪感。他们的行动，他们的付出，无疑就是最好的奖牌。我们该如何做道德的楷模？可以立足本地，做一些力所能及的有益于社会、有益于集体、有益于他人的事。假如你能够做到，你也是崇高的，你也是值得钦佩的，你的道德就是高尚的。

前不久看到一篇文章，题目叫《三只兔子不可追》，也借这个机会跟大家共勉：一位学术水平很高的大师以自己的亲生经历谈道：人生有三只兔子不可追。少儿时代，教室之外嬉戏玩耍是一只诱人的兔子，你若去追赶它，它就带给你荒废的一生；青年时代，名利富贵是一只诱人的兔子，你若去追它，它就带给你虚荣的一生；中年时代，社会上的灯红酒绿是一只诱人的兔子，你若去追它，它就带给你堕落的一生。我愿意与大家一起共勉，不去追不该追的兔子，而是尽自己所能，力求做一些对集体对社会有用的事，让自己的青春更美好，让自己的人生品位更高，让自己的道德更完善。

（三）

爱单位，爱工作对象。爱单位，树立形象。我特别强调的两句校园口号：出了校门，我就是学校的形象大使。学校荣辱，我的责任。我一直主张，不管你从事什么职业，一定要爱你的工作对象。当你把爱献给需要爱的人的时候，你回收的，将是数倍的爱。（案例：我的爱生故事。）

爱同事，爱朋友，爱同学，懂得合作。爱同事的最高境界我认为就是善于和同事合作，共同把工作做好。给大家讲一个有趣的故事《天堂和地狱的故事》：一个人想知道天堂与地狱的区别，他先来到地狱，地狱的人正在吃饭，但奇怪的是，一个个面黄肌瘦，饿得嗷嗷直叫，原来他们使用的筷子有1米长，虽然争先恐后地往自己嘴里送，但因为筷子比手长，怎么样也吃不着。然后这个人又来到天堂，天堂的人正好也在吃饭。一个个却红光满面，精神抖擞。其实天堂的人使用的也是1米长的筷子，不同的是他们在互相喂对方，对方吃起来很方便。这个人得出结论：天堂与地狱拥有相同的食物，相同的工具，相同的环境，但结果却大大不同，天堂与地狱的差别就在于：是否懂得合作。我认为，单位与单位之间，部门与部门之间，人与人之间，必须懂得合作，互相搭台，共同上台。可谓“一花独放不是春，百花齐放春满园”。人与人之间是需要彼此了解的，当我们站在对方的角度，以对方的眼光来看这个世界的时候，我们就会发现其中的差别。所以，试着去包容别人与自己的不同吧，在彼此的理解中包含着对各自人格的尊重，彰显道德风范。

爱亲人，知恩图报。我想起以前看到过的一篇报道：一位母亲陪同儿子参加高考，儿子在教室里考试，母亲在外面守候。因为天气太热，气温过高，不久这位母亲便中暑倒在了地上，被路人送到了医院。在医院，母亲一直没有苏醒过来，令众多医生束手无策，最后一个护士想到一个好点子，在母亲的耳边轻轻地说："高考结束了。"话音未落，母亲便坐立起来，大声地说："我得赶紧问问我儿子考得怎么样。"在这个生死关头，母亲心里牵挂的仍是正在考试的儿子。这是一种多么伟大的母爱啊，她永远把儿子放在了第一位，因为关心儿子，而忽略了自己的一切，甚至是生命。可是现在的年轻人又有多少人是把父母放在第一位的呢？不少人总是不断地抱怨自己的父母这样不好那样不对，甚至于有些人不知道自己父母身体的健康状况，不记得自己父母的生日。人生最痛苦的事莫过于子欲养而亲不待，人生有三件事不能等：孝老，行善，健身。朋友们，用我们的实际行动来关爱我们的父母，假如今天是我们生命中的最后一天，我们要做的第一件事情，就是报答养我育我的父母！为他们献出自己的一份爱心。我想，只有爱父母、爱亲人的人，才有可能爱同事、爱集体、爱祖国，才是具有良好道德的人。

爱本职工作。我亲身经历的一件事：听着音乐擦皮鞋。2012 年 10 月 5 日早晨，我与两位朋友到洞口广场吃早点。正吃着，进来一位将近 50 岁的擦皮鞋的妇女，个子不高，脸上布满了皱纹，穿着土气。她把手机放在我们吃早点的餐桌上，从手机里传出孙燕姿演唱的流行歌曲《比较幸福》。我的一位朋友非常善意地提醒："来电话了，快接电话哦。"擦皮鞋的大姐非常淡定地回答："不是电话，是我一直在听音乐，我喜欢听着音乐擦皮鞋。"我们仨都有点不敢相信，不由自主地目光对视，表现出极端的震惊。大姐压根儿没有感觉出我们的异样，坦然地一手拿起放着流行音乐的手机，一手提着我朋友的皮鞋到外面去擦。那种境界，不得不让我们油然而生敬意。爱岗敬业，就是最好的职业道德。

我想，在社会上尽职尽责，就具有了社会公德；在工作上尽职尽责，就具有了职业道德；在家庭角色中尽职尽责，就具有了家庭美德。社会公德良好、职业道德高尚、家庭美德优秀的人，自然就是最有道德的人。

最后，我想用谭晶演唱的一首歌曲来结束我们今天的交流——《好人就在身边》：

“你不认识我，我不认识你，互相牵牵手，旅途就有了伴侣；你不认识我，我不认识你，互相帮帮忙，生活就少了风雨；你不认识我，我不认识你，互相暖暖心，冬天就少了寒意；你不认识我，我不认识你，互相加加油，心中就多了勇气；好人就在身边，也许是老张小李；好人就在身边，也许是大叔阿姨；好人就在身边，也许是同事邻里；好人就在身边，也许就是自己。”

贺拉斯有句名言：“任凭天崩地裂，美德岿然不动。”愿多些更多些职场朋友们，家长朋友们，年轻朋友们拥有爱心，尽职尽责。上善若水，向美而生。德行天下，幸福一生。[①]

① 本文为作者 2014 年 5 月举行的“道德大讲堂”讲座内容，有修改。

用微笑诠释你的幸福

前不久，好友给我打电话说：“杨校长，想给你提个意见。”我欣然接受：“您尽管说，本人接受批评的态度一贯端正。”“嗨，今天碰到你们学校一个学生，说他们的杨校长老是板着面孔，怪严肃的。”我有点惊讶，是学生的观察出了“故障”还是我的表情出了“意外”？老实说，我是一个爱笑的教师啊！

不管怎么样，我还是很认真地对待这个问题。为了我自己的“光辉形象”，更是为了3000多个在校的孩子们的感受。于是，在一次全体师生参加的升旗大会上，我以“微笑”为主题做了简短的讲话。我微笑着对孩子们说：“同学们，无论大人还是小孩，微笑着一定让人喜欢的。因为微笑是一种力量，微笑是一种魅力，人一微笑就美丽。请大家都笑给我看看。”单纯的孩子们都相视一笑，然后露出或整齐或残缺的牙齿，一起笑给台上的我“欣赏”。我感受到了孩子们的纯洁可爱和美丽。

接下来我对孩子们说：“同学们，有人给我提意见说我太严肃，少了点微笑。我很感谢他给我提了这么好的意见。但是，校长有时候笑不起来，不是我不爱笑，是因为有些同学习惯不好，让我心情不好，所以，笑也就被吓跑了。你们还记得快乐人生三句话吗？”孩子们纷纷抢着回答“我能行！”“太好了！”“你有困难吗，我来帮助你！”“同学们，校长现在就有了困难，就是发现有些同学老是当淘气包，希望你能帮助我，和我一起去帮助、教育那些忘记了学校荣辱的同学。我想啊，只要全体同学每天都在健康地成长着、进步着，我一定会时刻美丽地微笑着。同学们，请你们多给我一些微笑的机会吧！”台下顿时响起了热烈的掌声。

无独有偶，关于我的微笑，在几天之后，又有了新的信息传入我的耳内。带学前班的教师赴学区参加基本功比赛之后，我和几个女教师一起在街上闲逛，碰到了两位中年女性。一个认识我但我不认识她的女士对我说：“杨校长，你的人格魅力真是渗入了孩子们的心田了。”我感到纳闷，忙问：“谢谢。为何这么抬举我啊？”她说：“你不知道我家那孩子，竟然还给她现任的初中校长提意见。你猜她说什么？她对校长说，校长啊，你跟我们杨校长不同，我们杨校长每天见到我们都是笑眯眯的。我们好喜欢她。你每天那么严肃，你也应该像杨校长一样，每天对我们多笑笑。”我有点感动，感谢这个孩子能如此真切地记住我曾经的微笑。

微笑，实在是仁爱的象征，快乐的源泉，亲近别人的入场券。依稀记起了一位名师的告诫：“面对灿烂的生命，笑不起来的教师不能算是好老师。”也突然记起了一个叫程远的孩子的幼稚之言：“长大以后，我想当上教育部部长，要开除所有的不会笑的老师！”是啊，教师的脸上有多少微笑，学生的心中也许就会有多少的阳光。

在一个特定的时刻，我向孩子们承诺：在以后的日子里，有阳光和空气的地方，就会有你们校长的微笑。①

① 本文于2007年发表于《湖南教育》。

理想在行走中生成

日本动画导演宫崎骏有句名言：“不管前方的路有多苦，只要走的方向正确，不管多么崎岖不平，都比站在原地更接近幸福。”我一直在教育之路上行走。

师德的内涵是什么？是爱与责任。中国儒家的“仁爱”思想、西方基督教的“博爱论”、佛教的“慈悲观”，核心理论就是一个“爱”字。苏霍姆林斯基说过“没有爱就没有教育”。2014 年 9 月 9 日，习近平总书记在北师大座谈时，要求教师要做“有理想信念、有道德情操、有扎实学识、有仁爱之心”的四有好老师。

故事一：爱是最好的老师

许多年前，有一个叫霍普金的教授给他教的毕业生布置了这样的作业：去贫民窟，找 200 个年龄在 12 岁到 16 岁之间的男孩，调查他们的家庭背景和成长环境，然后预测出他们的未来。那些学生运用社会统计学知识，设计了问题，跟男孩们进行了交谈，分析了各种数据，最后得出结论：那些男孩中有 90% 的人将有一段在监狱服刑的经历。25 年后，教授给另一批学生也布置了一个作业：检验 25 年前的预测是否正确。学生们又来到贫民窟。以前的男孩，都已经长大成人。有的还在那里住着，有的搬走了，还有的已经去世了。但最终学生们还是与原来的 200 个男孩中的 180 个取得了联系。他们发现其中只有 4 人曾经进过监狱。

为什么那些男孩住在犯罪多发的地方却有这么好的成长记录呢？研究人员感到很纳闷也很吃惊，后来他们被告知：有一个老师当年教过那些孩子……通过进一步调查，他们发现75%的孩子都是一个妇女教过的。研究人员在一个“退休教师之家”找到了那个妇女。究竟那个妇女是怎样把良好的影响带给那些孩子的？为什么这么多年过去了，那些孩子还记着那个妇女？研究人员迫切地想知道这些问题的答案。“不知道，”妇女说，“我真的回答不了你们。”她回想起多年前和孩子们在一起的情景，脸上浮起了笑容，自言自语地说：“我只是很爱那些孩子……”

是的，是老师的爱，改变了孩子的人生。有人说：“儿时的师爱就是我人生最美的天堂！”我认为，爱学生也是我教育成功的法宝。从做普通教师到做了16年校长，我改变了许多，唯一不变的就是真心爱每一个孩子。

无论是做教师还是做校长，我关爱过的孩子当然不少。不过提起那个叫平的孩子，确实有点特殊。平的父亲因为意外事故而丧生，母亲常年外出，年幼的平一直与70多岁的爷爷相依为命。可悲的是爷爷经常因喝酒而乱发脾气，不时到学校找麻烦，是学校周围的钉子户，任凭历任校长采取什么措施，都无济于事。我这种柔弱的女性校长，谁也不相信我能处理好此事。说心里话，对江大爷的一举一动我曾经也很反感，可看到弱势群体油然而生的同情心让我改变了态度。我开始关心起爷孙俩来。江大爷每次来学校想闹事的时候，我都和言细语地把他喊到办公室，不仅给他倒茶递水，几乎每次都自费给予他50元、100元的经济资助。我对他说：“您有什么困难只要我能帮的，我一定会尽全力帮您。”为了照顾好平，我特地让他跟我的儿子在一个班级就读，并建议老师将平安排跟我的儿子同桌。几年间学校全免了他的生活费，每个学期都要给他补助特困资金。我出差回来，经常准备两份礼物，一份给儿子，一份给平。我的付出并未想到过任何回报，但是没想到我对爷孙俩的点滴关心却深深地感动了他们。2008年“七一”前夕，当得知市电视台的记者在采访我的先进事迹时，江大爷竟然拉着记者的手激动地说：“杨校长看得起我老人家，每次拿自己的钱帮助我。解放快60年了，我第一次见过这样的好校长，我和孙子全靠她帮忙的啊！”这一镜头后来在市电视台播放

后，许多人向我反馈说：“杨校长，江某某这样的老人都夸您，您真是深入民心了啊！”懂事的平在我和老师们的关爱下，成绩稳步上升，品行良好。临近毕业的时候他给我写了一封信：“杨校长，您对我的爱让我终生难忘，我无论走到哪里，都会报答您的。”江大爷从此以后再也没有给学校添过任何麻烦，直到我离开城关一校的时候，还一直在到处宣扬：“好人啊，少见的好人。”

担任了10年校长，我离开学校以后，有不少家长对我说，孩子们都很留恋我。作为校长，我为孩子们做过什么吗？我没有做过大事，我只是每年在我的工作笔记本扉页上一定会写上一句话：“把每一个学生当成自己的孩子来关爱。”我只是在每个学期第一次国旗下讲话的时候对他们直白地说过：“对于我，你们可以选择爱我或者不爱我；而对于你们，我只能选择爱你们或者更爱你们。”我只是一周问自己三句话：“你爱你的学生吗？你会爱你的学生吗？你的学生能感受到你的爱吗？”然后再不断地调整自己的爱的方式。我只是很尊重他们，无论是哪个孩子，跟我说任何事，我都会尽力在第一时间，尽我所能地为他们及时地解决了一个又一个小问题。

我爱我的每一个学生：会在每周一的时候去校门口微笑着迎接他们；会在“六一”的时候为他们送上我亲笔签名的笔记本，告诉孩子们我真的很爱他们；我也深情地亲吻过一个个表现特别出色的孩子。每年元旦的时候，会给全校学生每人发一颗棒棒糖，让他们甜甜蜜蜜地迈入新年。多少次，家长们由衷地对我说：“杨校长，您在孩子们心目中威信可高了，我们家孩子最崇拜的人就是您。您说什么他都当做圣旨。”调离学校以后，好些孩子边跟我QQ聊天边哭，问我什么时候才能回学校继续当校长。我离开学校一个月后回城关一校听课，众多孩子围着我说：“杨校长，您终于回来了啊。”接着就像往常一样向我报告谁表现好，谁表现不好。我想，做校长做到了让每个孩子都崇拜留恋的程度，该是多么幸运幸福啊！

我的爱心管理令学生无比快乐幸福，更使得我的孩子们从小就懂得了如何爱老师、爱学校、爱学习，如何去爱一切需要爱的人。

这是我谈的爱的第一个领域——爱学生。

故事二：门童的故事

那是一个出身于纽约黑人区布鲁克林、没有学历的孩子，他一直在做保安、库管员，虽然做得很好，但日复一日地在地下工作，令他十分渴望能做一份与人打交道的工作。当他得知公司有一份门童的工作时，他就向老板提出申请。在众多应聘者中，他脱颖而出，终于成为这个世界最著名的拍卖公司的一个门童。怎样才能做好这份工作呢？他想，每一位进入公司大门的人都是极其重要的吧，怎样才能令他们感到备受尊重、快乐、宾至如归，让他们更喜欢自己并愿意常来呢？于是，他将所有报纸上的名人的照片、名字和介绍剪下来，贴在家中的墙上，每天上下班在地铁上复习，晚上回家让妻子考他，如果还有不认识的人就问同事……这样，他总是能够笑着拉开大门："啊，您好，肯尼迪夫人……安迪·沃霍尔先生，我们一直在等您哦！"

直到有一天，公司要在伦敦做一次重大活动，需要一位能够认识所有艺术家、重要客户和名人的接待者，除了这位门童，全公司竟再也找不出这样一个人来。于是，公司总裁告诉他，将派他去伦敦。可他从未和妻子分开过，加上孩子出生才两周，所以他拒绝了。第二天，公司通知他，将邀请他太太与他一同前往。从未离开过纽约、从未坐过飞机的他们，在伦敦机场被一辆加长林肯接到酒店。站在盛大的宴会厅穿上礼服的那一刻，他感到从未有过的荣耀——这就是一个在佳士得工作了35年的门童Gil的故事。他说："你必须热爱自己的工作，如果你对它永远充满热情，它将带你走到难以置信的远方。"

有人说我的事业很成功，如果说要我谈成功的秘诀的话，那就是我对自己从事的教育工作一直充满热爱。1991年11月1日，我结婚第二天就去新邵学习快乐作文教学，一去就是5天；1997年5月，孩子刚5个月，我自费带着老母亲去衡阳学习了一个星期；我当了13年语文老师，每篇学生的习作都会详细批改两次以上，不允许自己的批阅有半点错误。我保存了从1987年至今的共计85本语文备课教案；担任10年校长，我的工作笔记、学习笔记总数达到67本，写下了5万多字的女校长感恩日记；到县教研室以后，我每年要精心组织近30次各类教学教研活动，涉及学段从小学一年级到高三。2014年12月初，我组织了全县高三语文、数学、外语全国卷分析研讨会，听课教师达400来人。来自长沙名校的讲课专家由衷地说："我在全省全国各地做过不少讲座，组织得像您这么精细的还是第一次见到。"为了组织好这次活动，我准备了整整一个月，光专家住宿的宾馆我亲自跑了4家才确定；为了让老师们真正有收获，我征求了三所高中的10多名教师的意见，三易其稿，才将讲课内容反馈给长沙的讲课专家。事后，老师们都认为此次活动针对性、实效性、指导性非常强。

正是因为非常热爱工作，我才能在较短时间内，完成了从村小教师到县城最大的小学的校长，到教研室负责人的岗位的转变，而且在每个岗位都干得比较好。

老师们，在现行体制下，在小地方，几乎很难有机会改变我们的处境，但是确实可以改变你的心情，当心中充满热爱的时候，工作着也许真的是美丽的。

这是我谈的爱的第二个领域——爱事业（工作）。

我想再来谈谈爱的第三个领域——爱集体。

我做校长时，校园里有两句3000多师生耳熟能详的口号："出了校门，我就是学校的形象大使！""学校荣辱，我的责任！"

第一句口号：出了校门，我就是学校的形象大使。

我读了一篇文章《出了国门，你就是中国的形象大使》：文章说的是这些年外国人有了一个特别的反应，这便是特有的中文提示牌，比如"请勿随地吐痰""请勿大声喧哗"。在有的公共厕所，入厕前可见中文、日文、英文的男女厕标志，但在入厕解决问题后，墙壁上只有中文版的"请随手冲洗，保持清洁"。面对这样的中文提示牌，我们感觉到的不是普及汉语的自豪和骄傲，而是脸上一阵紧一阵地灼热发烧。因为，也许只有我们的同胞，才会有连厕所都不冲洗的陋习。基于此，我受到启发，号召每个师生都必须时刻注意自己的言行举止，热爱自己的集体。

第二句口号：学校荣辱，我的责任！

我在一本家庭教育杂志上读到一则小故事：一位日本女校长在校园巡视的时候，看到一个小朋友主动地捡拾起地上的垃圾。校长问他："孩子，我知道这张纸根本不是你丢的，你为什么要主动捡拾起来呢？”孩子淡定地说：“校长，这是我的责任。”

为了了解学生们的责任心现状，我做了一个小实验：有一天我在校园巡视，看到操场上有一张废纸，有不下10个孩子从废纸边经过，但是没有一个人想到把那张废纸捡拾起来。当第11个孩子经过时，我对他说：“孩子，你可以把这张废纸捡起来吗？”孩子理直气壮地说：“校长，这张纸不是我丢的。”言外之意，不是我丢的，就不应该由我来捡拾。这一反差引起了我对日本国民和中国国民素质的思考：

广岛亚运会闭幕式结束观众离席后，容纳6万人的场地上没有留下一片纸屑、一个烟头，多国记者注意到此事，在第二天的头条纷纷用了这样的标题“可敬，可怕的日本民族”。而有报道称：2013年10月2日，据天安门地区管理委员会统计，早上升旗仪式结束后，天安门广场留下的垃圾最密集处甚至露不出地面。150名保洁员人手一把扫帚，2辆清扫车，2辆垃圾收集车，以“拉网式”的排兵布阵，用了30分钟才全部清除。初步估计，清扫的垃圾多达5吨左右。

“校长，这是我的责任！”多么掷地有声的回答啊。我从中受到启发：如果我的师生每个人也都有这种强烈的责任意识、爱校意识，学校还有什么做不好的工作呢？这两句话，我要每个师生记在心里，更要落实在行动上，我常对老师和同学们说，你可以不爱校长，但必须爱自己的学校。今年8月4日，我和三位来自清华、北大、浙大的学生聚会，北大才女瑶涵给我讲了一个小故事我特别感动：她说，自从我在学校倡导“学校荣辱我的责任”以后，她每天下午放学的时候都会晚半小时到家，妈妈问她为什么，她说因为她要沿途捡拾路上的垃圾。瑶涵的小学生活已经过去近10年了，永远铭记在心的，就是学校的升旗仪式和为了学校荣辱，迷上捡垃圾这事。

爱与责任是师德的内涵，爱是教育最有效的密码。教育者内心充满爱，爱事业、爱学生，用“爱心”去引领受教育者爱自己、爱亲人、爱朋友、爱集体、爱祖国。当爱充盈着整个教育领域的时候，付出者、接受者自然就是幸福的。有爱滋润的孩子，注定是幸福成长着的孩子；能把爱赋予需要爱的人的教师，注定是一个幸福人。

故事三：第十九层地狱

佛教中有一个故事：从前有一位大夫，看的病人都死了，被阎王判打入十八层地狱。他天天喊冤枉："我是好心，我的医术不行，我是误杀的，不是有心杀的，不应该打入十八层地狱。"又哭又闹又跳的时候，听到下面有声音说："老兄你不要跳了，灰尘都落到我身上了。"他想难道底下还有十九层吗？底下的人痛苦地说："是！我在十九层。""你是做什么的？""我是你的老师，我没有把你教好，阎王把账算到我的头上来了。"

教师的责任一：深入钻研业务。教师工作的主阵地是课堂，我认为教师最大的责任就是要不断提高自己的教学水平，让你所教的学生喜欢你上的课，在你的教育引导下健康地成长。

我是一名语文教师，多年来，在语文教学的领域，我凭着强烈的责任心做语文教师，教语文，教学生学语文，让师生都成为语文味浓浓的人儿：有一张语文的嘴，能言善辩，旁征博引，字正腔圆，吐字清晰；有一双语文的手，爱写文章，能写文章，写一手好字，写的汉字横平竖直；有一双语文的眼，喜欢看书，善于发现错字病句；有一对语文的耳朵，能听出遣词造句的精确与否。

著名特级教师于漪说，"情是语文教育的根。"多年来，我一直努力追求走进学生灵魂的语文教学，始终把学生当成值得尊重的人，始终把学生的情感调动到最佳状态，点燃，激励，唤醒学生。而我自己，每当走进课堂，走进学生中间，就是激情燃烧的时刻。这里有几个教学的经典片段跟大家分享：

《手术台就是阵地》课堂教学亮点："孩子们，这一自然段中有哪几个量词？""三天三夜。""三天三夜一共有多少个小时啊？白求恩工作了几个小时？"孩子们计算出"共有 72 小时，工作了 69 小时，除去吃饭的时间，休息不到 3 小时。"抓住这个点，我激动地说："这就是白求恩，不远万里，从加拿大来到中国的白求恩；这就是白求恩，为了中国伤员，连续 69 小时工作着的白求恩；这就是白求恩，毫不利己专门利人的伟大的国际主义战士白求恩。”

教《卖火柴的小女孩》时，为了打动学生、教育学生，我将小女孩的经历改写成歌词，然后用《女儿情》的旋律谱上曲子，再用吉他弹奏演唱：“寒冷饥饿一起来，她被迫地拿出火柴，谁也不疼她，谁也不理她，只有蜷缩墙角。尝尽了人间冷暖，看够了世态炎凉，只愿来生遇上好时代，过上快乐幸福日子。祝福你，祝福你，愿你天堂安息！”课堂上，因为我的情境引导到位，孩子们一个个泣不成声，效果异常地好。

教师的责任二：读书。让读书成为一种习惯，读书是教师的职业道德。

我每天坚持读书两小时，丰厚自己的语文学养，提高自己的人格修养。中外读书数量比较；现场调查老师读书情况。指名教师谈出自己读过的三部教育名著。

教师的责任三：写作。写作，就是写随笔、写反思、写论文，等等。

我发表的第一篇文章，就是意外而得的。一天，一个家长给我提意见，说孩子们背地里议论我太严肃，不爱笑。就这么一件小事，我写了《校长的微笑》一文，被《湖南教育》编辑看中。后来一发而不可收拾，相继发表了《校园里的玫瑰尽情地开》《时代的塑造》等10多篇文章。迄今为止，我已经写了近100万文字。根据我个人的体验，有什么见闻，有什么感触，有什么想法，及时写下来，一定是一笔财富。教师的智慧，是靠写出来的。

一个充满爱心、能说会写、课堂充满激情、充满魅力，有浓浓的语文味的教师，学生必然会喜欢。这样的教师教出来的学生必然是爱学习、有才华、重情义、敢创新的学生。我常想，我们既然选择了教师这份职业，不如为了自己，为了孩子而努力提升自己的素质，培养好学生。百年之后是否真有天堂地狱，其实谁也不知道。但好的课堂教学，好的学校教育，注定是孩子们人生最美的天堂。

故事四：聋子青蛙的故事

从前，有一群青蛙组织了一场攀爬比赛。比赛的终点是一个非常高的铁塔的塔顶。一大群青蛙围着铁塔看比赛，给比赛的青蛙加油。比赛开始了。老实说，群蛙中没有谁相信这些小小的青蛙会到达塔顶，它们都在议论：“这太难了！它们肯定到达不了塔顶！”“它们绝不可能成功的，塔太高了！”听到这些，一只接一只的青蛙开始泄气了，除了那几只情绪高涨的还在使劲往上爬。群蛙继续喊叫：“没有谁能爬上顶的！”越来越多的青蛙累坏了，纷纷退出了比赛。但有一只却仍在爬，而且越爬越高，没有一点放弃的意思。最后，其他所有的青蛙都退出了比赛，除了那一只，它费了好大的劲，终于成为唯一到达塔顶的胜利者。很自然，其他所有的青蛙都想知道它是怎么成功的。有一只青蛙跑上前去问那位胜利者：“你哪来那么大的力气跑完全程？”它惊奇地发现，那位胜利者原来是个聋子，它什么也听不见。

这个故事蕴含一个道理：执着。

永远不要听信那些习惯消极悲观看问题的人，因为他们只会粉碎你内心最美好的梦想与希望，唯有看准目标心无旁骛执着攀登的人才可能真正成功。

冰心在《繁星》里写道：“成功的花，人们只羡慕她现时的明艳，然而当初她的芽儿，浸透了奋斗的泪泉，洒遍了牺牲的血雨。”每个人的成长历程都并不是轻松的。

1987 年 7 月，我以优异的成绩毕业时，原以为可以分配到条件优越的城镇小学去实现我的教育理想。可却被跨区分配在偏僻的村小，年仅 17 岁的我，同事平均年龄足有 43 岁。古老的祠堂，年老的同事，我的心境是何等沮丧失落？更让我受伤害的是，我的一位至亲的长辈竟然拿我取笑：“哈哈，曲塘小学有个杨某某女老师，在祠堂里干了一辈子；现在她快退休了，轮到你接班了，以后就由你在曲塘小学待一辈子了。”说心里话，看到同学都被分配在城镇小学，我工作的学校却那么偏僻，我当时非常痛苦。

有一位西方哲人说过，受伤的地方会有思想生长起来。孔子也说：“先难而后获，可谓仁矣。”我知道，我已不能改变环境，只有改变心态。当时的工作环境似乎注定了我成不了大器，我还是决定义无反顾地走自己的路，一条自主追求教育梦想的路。我开始了自己山村小学教师的生涯：不辞辛苦地做家访，假日带学生搞活动，每天晚上孜孜不倦地钻研教学业务。除了工作，不知道外面还有别的世界。当时的工资待遇是怎么样的状态呢？这是我当时写的日记：“（1987 年 11 月 13 日 星期五 晴）11 月工资单总计：69 元；扣除伙食费：28. 33 元；书杂费 19. 86 元；本月领款 20. 81 元。一个乡村女教师的教坛第一步。金钱，有多大的魅力？对我来说，理应用知识武装自己的头脑。”

我无意说待遇有多差，只是想以此来说明，那时的我，是多么单纯地执着于我的乡村小学教师这份职业。

工作两年后，我有了第一次赛课机会。1989 年 11 月，我代表镇里参加全县小学语文教师教学比武，荣获第一名；1990 年 4 月，我又参加了全县小学语文教师阅读课教学选拔赛，又获得第一名。这时有人对我说：“你到县里比赛比了一等奖顶天了。这个乡下女子土气的样子还到市里去，很难打响的，不如见好就收。”尽管别人打击挖苦我，但是丝毫不能动摇我参加市级比赛的决心。我代表全县小学语文教师参加了邵阳市小学语文教师教学比武，在强手如林的赛场上，仍以最多票夺得了第一名。参加市里的比赛，赛前我熟读了二至五年级的讲读和阅读课文，翻阅了近百本资料，精心设计每篇课文的教案，每堂课都要试教七八次。1990 年 5 月 4 日，我背着 40 多斤重的资料前往邵阳参赛。抽签后，一个人关在房间里读原文，设计教案，查阅资料。因为是临时抽签确定赛课年级赛课内容，完全靠自己的实力。那天晚上，我备课到凌晨 1 点。到第二天上午 10 点比赛时，我几乎能将所教课文和教案全部背下来。一下课，时任市教科所副所长的李老师找我谈话“多大了?”“21 岁。”“教龄?”“两年半。”“洞口城关一校还是二校?”“不在一校，也不在二校，在洞口县竹市镇大水乡中心小学。”“很有实力，不错!”那一次，其貌不扬的乡村小学教师第一次参加市级赛课，就凭着自己的实力夺得了邵阳市第一名。这个结果连我自己都无法相信。

教师的实力来自哪里？来自热爱，来自学习，来自实践，来自执着的追求。

担任校长以后，学校 3000 多名师生，在常人眼里，我的社会地位发生了较大的变化，但是我的内心深处从未改变过对教育事业执着追求的最初情结。我不喜欢交际，不喜欢热闹，历年坚持站讲台，无论工作日还是休息日，每天雷打不动地坚持读书；无论在辽宁师大还是在北京师大进修，我都是最认真刻苦的学员之一；我不断地写工作反思日记，写了大量的教育教学论文和随笔。我积极参加各类活动，参加湖南省首届小学校长演讲比赛以绝对优势获得一等奖；参加教师写下水文比赛获得全国一等奖。当校长，我定期给老师们上公开课。担任教研室负责人以后，我依然经常给孩子们上作文课。这一切的一切，一般的人是无法理解更不可能做到的。我这样做，不是我想出什么名得什么利，而是因为我发自内心地执着地热爱我从事的教育事业。

这么多年来，无论是在乡村小学教师岗位，还是在县城最大小学的校长岗位，我比一般的人都努力，更比一般的人要执着。我始终坚持一点，不管外面有多热闹，不管别人怎样待我，怎样看我，我心无旁骛，“立志不随流俗转”，克服重重困难奋力前行。

故事五：领导，可以听我的课吗

清华大学附小校长、全国知名特级教师窦桂梅刚参加工作那年，由于报到较晚，学校分配工作已就绪，窦桂梅被安排在教务处做事务性工作。做的只是给因公因病或因事请假的老师代课，成了名副其实的“替补队员”。她没有懈怠，语文、数学、音乐、思想品德，教一科爱一科。有一次，市学院的领导、教研员要到学校听公开课。校长开始让每人准备一节课，可听课时只安排了组长的课，她特别难过，眼看好不容易得来的机会就要错过了。当领导从她班门口路过的时候，那种渴望他们听她的课的心难以用语言表达，看到他们离去的背影，不知什么力量使她冲了上去，含着眼泪恳求走在后边的领导：“您能听听我的课吗？”可是安排总要服从。那节课，领导没有听她的课。一番失落化为激情，她奋笔疾书，向领导表白了她急于得到提高的迫切心情。校长看后很感动，于是，第二天，还了她这个愿。从那以后，她在赛课场上尽情挥洒，直到一次次获得全国一等奖。

这个故事指向一个主题词：机遇。

我与窦校长有过两面之交。她的博学、才气、激情、深邃令我钦佩不已。多年来，我也乐于把握机会，积极创造条件，参加各类教育教学、写作比赛、演讲活动，在活动中提高自己。

我是那种成长得比较快的老师，21 岁就被评上湖南省优秀教师。1992 年湖南省教育厅组织全省优秀教师赴井冈山旅游，我们乘坐的是湘潭大学的校车。上车时，来自娄底一中的一位优秀教师看了我一眼，当着全车人的面说，“通知上不是说了不准带家属小孩的吗，这是谁家的小孩?”这个例子，足可以证明我当时是多么年轻甚至有点年幼。我认为，如果说我在教育领域算得上有点成功的话，一方面跟我的刻苦有关，一方面跟我善于抓住一切机会锻炼展示自己有关。

在此说说我印象最深的一次展示机会。

我在长沙参加校长培训，开班典礼上，被老师推荐发了言，大家都觉得很不错。后来我们一起到北京参加短期挂职。挂职有个开班典礼。在开班典礼上，北京和湖南的校长代表都要发言。2006 年 4 月 21 日下午，我们来到北京东城区教育学院多媒体会议厅。会上，看到北京校长王芳那自信的眼神，发言时那种自豪的表情，我有种强烈的自卑和胆怯，毕竟我只是来自小小县城的校长！王芳现在是北京史家小学的校长，非常优秀，名气很大，她的发言水平之高肯定不用说。轮到湖南校长代表发言了，我激活自己所有的智慧细胞，以“为了同一个教育梦想”为题，十分动情地表达了深深的感谢、表明了求知的渴望、表白了坚定的决心。当我充满激情地即兴演讲完之后，不仅看到了湖南校长那一张张自豪的笑脸，看到了在座的北京名校长由衷佩服的表情，更看到了北京的组织者石处长竟然情不自禁地竖着大拇指当场夸奖我道：“湖南的校长真的了不起!”是的，那一刻我代表的是湖南的校长，我的成功就是湖南校长的成功。那次发言对我的考验是非常严峻的，因为那次发言成功，从此我非常自信，真是“曾经沧海难为水，除却巫山不是云”。去年5 月我在北师大未来教育家班主持了一场辩论赛，辩论赛结束以后，北师大的教授赞美我说：“完全可以称得上是金牌主持，让我震撼，太有才华了。”说实话，在北师大未来教育家班那个高手如云的团队，我的表现足以让我感到自豪。也正是抓住了一次次大胆展示的机会，我对自己越来越有信心。

对学生来说，强调活动育人；对教师来说，同样适用。抓住一切机会锻炼自己，就好比学生在课堂上多回答了问题一样，多一次机会，便多一次收获。年轻人千万不要怕参加活动，应该是担心没有活动，在一次又一次活动中，锻炼自己，丰富自己，提高自己，完善自己。

结束语：

我特别欣赏北京师范大学钱志亮教授所阐释的教育的三个境界：以工具性为主，能站得人前，此为第一境界；以人文性为主，能耐得住寂寞，此为第二境界；以精神信仰为主，即能退得人后，笑看花开花落，此为第三境界。在教育之路上，我一直在行走，或喧嚣，或沉潜；或人前，或人后。因为行走，所以收获。我 26 岁被评为全国优秀教师；31 岁被评为湖南省十佳师德标兵；39 岁被评为湖南省特级教师；40 岁被评为全国优秀校长；还荣幸地当选为奥运火炬手。我的团队获得了全国三八红旗集体称号。这些，权且算作我用工作业绩站在了人前吧。而今的我，更趋向于退居人后，做安静的人，安静地做教育。

朋友们，师德的关键词是“爱”，爱是教育最有效的密码。最后，用纪伯伦的诗歌与大家共勉：

“生活的确是黑暗的，除非有了渴望，所有的渴望都是盲目的，除非有了知识，一切知识都是徒然的，除非有了工作，所有的工作都是空虚的，除非有了爱；当你们带着爱工作时，你们就与自己、与他人、与上帝合为一体。什么是带着爱去工作？是将你心中的丝线织布缝衣，仿佛你的挚爱将穿上这衣衫；是带着热情建房筑屋，仿佛你的挚爱将居住其中；是带着深情播种，带着喜悦收获，仿佛你的挚爱将品尝果实；是将你灵魂的气息注入你的所有制品；是意识到所有受福的逝者都在身边注视着你。”

衷心祝愿在座的各位老师怀着热爱，永远充满自信与勇气，在教育之路上越走越好。①

① 本文为师德讲座文本内容，作者于 2014 ~ 2017 年先后 12 次在湖南长沙、邵阳做讲座。有删改。

专辑二

有爱，教育就有温暖

每个孩子，都是妈妈的最爱；每个学生，都是我的最爱。面对这些纯洁得如同白纸一样的儿童，能够接受的，肯定不是办学理念，不是办学思想，也不是教育策略，而很可能就是那么一个母亲般的甜蜜的吻。能用我的真爱去教育引导一个个孩子成长，抑或在孩子的成长过程遭受到挫折或者被误解、被伤害时，能用真爱去抚平孩子有涟漪的心，也算是体味了为人师的一些意义了。

心向阳，生温暖

掐指算来，到2016年9月1日，我离开教学一线整整5年了。

出于对教育事业的热爱，为了做好接地气的教研，我决定找机会重站讲台，享受“激情燃烧的课堂岁月”。

9月刚开学不久，我被邀请给一所乡村小学社团班的孩子上作文课。最初，我时常会有一种工作压力感，毕竟离开课堂整整5年了，突然要备课，要上课，要批阅孩子们的作业，感觉有点生疏和吃力。每逢周四下午，我就有些许紧张。

我似乎就是为课堂而生的。几次课下来，我又找回了做教师的幸福感，面对48个纯洁无瑕的孩子，我的教育激情被最大化点燃。我认真备好每一节课，课堂中注意关注每一个孩子的表现，进入课堂我一定展示我的微笑，教学富有激情，认真倾听每一个孩子的答问，友善地指出他们习作中存在的问题，并告诉他们，应该如何做得更好，发现有孩子紧张，我会抚摸他的肩膀，轻声告诉他“别怕，有我在”给他减压，发现有同学取笑同伴答问不够完整，我会真诚地引导他们：“孩子们，每个人都会有出错的时候，一旦出错，如果被别人取笑，一定会很难受的，所以，在我的课堂上，允许出错，但是绝对不允许有嘲笑。”平心而论，我只是本色地和他们进行教学上的交往。

作为一个年近50岁的老教师，我的课堂风格就是本真，对孩子们的喜欢，对孩子们的教育引领，我发自内心，没有丝毫矫揉造作，没有半点牵强附会。

爱如花朵，只要你付出，它就会绽放美丽，吐露芬芳，结出果实。

11 月 24 日感恩节那天，为了让孩子们懂得亲情无价，懂得感恩，我让孩子们写出 5 个最爱的人，竟然有 11 个同学把我列入了最爱的人的行列，虽然最终我基本上是第一个被孩子们划去的最爱的人，但是能入围孩子们所爱的人的圈子，我还是感到莫大的荣幸。

12 月初，校方对孩子们做了一次对教师满意度问卷调查。参与调查的有 48 个孩子，喜欢我的有 47 位。我再一次被感动了，每个孩子的问卷，都让我倍感温暖。

唯一一个不喜欢我的孩子是这样回答的："杨老师是一个严格的老师，今天学了什么就写什么，我觉得有点难，还有，我的作文你没有给我打过分，这不公平。我不喜欢你。"

其他 47 位孩子对我的喜欢各有理由，分外真诚感人。裕志同学说："杨老师对我们每一位学生都很温柔，每次走进教室，都带着微笑。上课的内容非常精彩，让我百上不厌。"

感情丰富的心怡同学说："杨老师很温柔，上课很生动、有趣，对人很和蔼可亲，能在别人没有自信的情况下也给予他人关心和鼓励。杨老师，我想听您上课，您是我遇到的最特别的老师。"

内敛的阳阳说："您的作文水平非常高，您总称呼我们为孩子，听起来好亲切，以后我也想当一个您这样的老师。杨老师，您真好，您是我见过的最温柔的老师。您辛苦了，我祝您长命百岁，一生感谢。"

课堂表现欲很强的雯娜说："在我心中，您是一位恩师，我十分感谢您，您上的每一节课都很有趣，我很喜欢。我中午休息有点晕，到了课堂，看到您就不晕了。杨老师，谢谢您，我知道您的这份情是我今生难以回报的。老师，您是最好的老师，我好爱您。"……

孩子们对我的认可，让我更加喜欢他们。有一股巨大的力量推动着我，更加认真地对待每一次讲课。12 月 22 日，我对孩子们说："今天是我本学期给大家上的最后一次课了，以后或许还有机会继续跟你们在一起学习，或许没有机会了。但是我想说，和你们相处的几个月，你们上课专心，有错能及时改正，我真的很爱你们。”然后我布置孩子们写作。本次习作是自由习作，题材不限，内容不限，可以写人，可以记事，可以状物，可以写想象作文。孩子们都非常安静地埋头写作。

下课后，我向教师办公室走去，突然听到有人在喊：“杨老师，她还跟着您走。”我回头一看，果然有一个穿着绿色羽绒服的孩子情不自禁地跟着我走。我对她说：“孩子，回教室去吧。”那个孩子才停下脚步。我的眼泪盈满了眼眶。多么重情的学生啊！

在批阅孩子们的作文时，我再一次被深深地感动了。有 9 个孩子在作文里写到了我。露同学记得我在课堂上对她的每一句赞美的话。她在《我最敬佩的人》文章里写道：“意外的是老师竟然记住了我的名字，还解释了我的名字说露珠是晶莹剔透的，格外纯洁。听完您的话，我对自己的名字理解了。老师，您真的值得我敬佩。”璐同学在《我最喜欢的人》里写道：“如果不是那一次，我或许还不知道我对杨老师已经有如此的依赖。有一个星期四，当我看到不是杨老师给我们上课的时候，我的心顿时凉了一大截。其实那个老师也不错，就是有太多的规矩。这还不要紧，要紧的是，她竟然说杨老师太宠着我们了。我们冤枉呀！杨老师上课的时候，没有讲很多的规矩，可是我们都听得好认真的。这一次，杨老师又来给我们上课了，可她竟然说是最后一次课。我恨不得时间倒退，恨不得下课时和杨老师一起走，恨不得我直接把杨老师带回家。我知道以后如果杨老师不再给我们上课，我的生活中一定会缺少一种最可贵的东西——那就是杨老师的爱。我不管杨老师是否记得我，我不管我在杨老师心中是什么位置，我就是爱她，我就想依赖她，我就是想让她一直教我们。我想，我以后无论到了哪里，找到了什么工作，命运如何，她教的所有知识，我都会记住的。杨老师，我喜欢你，无法用语言表达，无法用行动表现。说实话，我就是喜欢你。”颖丹在《我喜欢的一个人》里写道：“今天听说杨老师以后可能不再给我们上课了，我心里寒寒的，好像少了什么东西似的，想哭又哭不出来，不哭又觉得难受。”心怡同学在《一想到这件事，我就难过》里写道：“听说杨老师以后可能不会再给我们上课了，我感觉好像是晴天霹雳，眼泪都快夺眶而出，一想到杨老师那温柔的目光，心里便隐隐泛酸，我心里特别不舍、特别心痛。杨老师，我爱您，我早就把你看成了我的妈妈，这次离别不知何日再相聚，我真的好舍不得你。”忠礼在《老师，您真好》里写道：“老师，当我表现很差的时候，您没有批评我、没有打我，而是轻轻地抚摸着我的肩膀，轻声地说，孩子，别怕。我真的感动得快哭了。”……

曾经听许多人说过，现在的小学生真是挑剔，只喜欢年轻漂亮的小姑娘教他们。对叔叔阿姨、爷爷奶奶类老师可反感了。我也一度以为自己老了，走进课堂，一定会让孩子们厌烦。可实践告诉我，“青春不是年龄，青春只是心态”。孩子喜欢我什么呢？他们喜欢“杨老师总是很温和，她上课从来不批评我们，我们有问题，她总是善意地指出，我不紧张”；他们喜欢“杨老师上课好有趣，她的词量怎么那么丰富，每说一句话都好精彩”；他们喜欢“杨老师普通话也标准，声音好好听，好清脆好畅快”；他们喜欢“杨老师教给我们写作文的方法怎么那么容易懂，以前我害怕写作文，杨老师教了我们几个月之后，我觉得作文没有以前那么难了。作文就是有什么看什么，看什么说什么，说什么写什么；经历什么就写什么”；他们喜欢“杨老师不准同学取笑我们，对每一个同学都好，生怕哪一个同学被伤害，她好善良”；他们喜欢“杨老师关注每一个同学，她要求每一个同学都要在课堂上积极答问。”

想起了一组调查数据：学生最喜欢老师的什么？喜欢知识渊博的老师占31%；喜欢真心爱着学生的老师达53%。是的，孩子们喜欢尊重学生、关爱学生、笑容灿烂、知识渊博、教学有方的老师。这样的老师，永远年轻！

在这个需要温度的冬季，为什么我感觉如此温暖？心向阳，生温暖。[①]

① 本文作者写于2016年12月。

校长，您是一个好人

4 月 21 日晚上 8 时 10 分左右，爱人接到一个电话，说一个学生拨通电话却欲言又止。

8 时 20 分，我从洗澡房里出来，手机铃声再次响起，是个陌生的号码。按下接听键，我听到了一个小女孩的声音：“请问您是杨校长吗?”我亲切地回答：“是啊，你有什么事吗?”孩子吞吞吐吐地说：“我……我……”我鼓励孩子说：“有什么事大胆地说，别害怕。”“呜……”孩子竟然哭了。我安慰孩子说：“别哭，好好说，我听着呢!”孩子终于鼓足勇气说：“杨校长，请问您，这次学校订校服是长袖的还是短袖的?”我明确地告诉她：“这次订的是夏季校服，衣服是短袖的，裤子是长裤。”孩子轻声地说：“校长，告诉您一个秘密，我从小到大，从来没有穿过一次短袖衣服，因为我的身上长满了许多怪痘痘，特别难看，我好害怕被同学们和老师发现，我怕他们取笑我，现在一想到要穿短袖校服我就难受。”我诧异了，温和地对她说：“你可以不订校服，就可以不穿短袖衣服了。如果你信任我，请你下周一到我办公室里来一下，让我看看你到底适不适合穿短袖衣服。”“不行，我怕老师批评。”“孩子，没事的，老师不会轻易批评人的。有我在呢，相信我，好吗?”“嗯。”孩子带着哭腔答应了。顿了顿，孩子又说：”对了，校长，除了我爸爸妈妈，还没有第三个人知道我身上的怪痘痘，您千万要替我保密啊。”

“当然会的，请放心。”“谢谢校长。”孩子挂了电话。

两个星期后，那个小女孩来到了我的办公室。我好奇地问她：“为什么这个时候才来呀？都推迟了一个星期了。”她支支吾吾地说：“其实，我找过您很多回，但是最终还是没有勇气进您的门。”

我牵着她的手进入我的办公室，并随手把门关上，她捋起了她的衣袖和裤脚，呈现在我眼前的是花花点点、或黑或白的怪异痘痘，确实有点异常。不过我装着没事的样子说：“哦，也没啥的，人无完人呢，因为小时候受过伤，我的后脑勺也有个疤痕呢。”小女孩似乎轻松了许多，说：“啊，校长也有秘密的？”

为了保护孩子的自尊心，我说：“你不用订校服了，我会跟你的班主任说清楚的。”“不，校长，我不能不订，我们班要参加学校庆‘六一’体操比赛，学校不是要求统一服装吗？我要是不穿校服，我担心同学们说我没有集体荣誉感。”我感动了，对她说：“没事，你不穿校服，我就说是我决定的，不影响你们班上的比赛成绩。”“啊？那太好了！校长，您怎么样也得答应我，我不穿校服，不扣我们班级的体操比赛分数啊！”“是的，君子一言，驷马难追，一言为定。”孩子如释重负地离开了我的办公室。

几天后，我打开办公室的门时，看到地上有一张小纸条，上面写着：“校长，您是一个好人。谢谢您！”

被一个纯洁无瑕的孩子赞美成“一个好人”，我内心涌动出一种莫名的感动。

我的吻，献给我的最爱

早晨，面带微笑站在校门口，把每个孩子迎进学校后，我向学校办公室走去。看到一群孩子匆匆往三楼会议室赶去，经打听，原来是辅导员肖老师组织召开少先队大队干部会议。开学工作千头万绪，我还是决定跟这些学生中的“领袖人物”交流交流。常让孩子们牢记：“学校荣辱，我的责任!”“出了校门，你就是一校的形象大使。”严格意义上来说，最能代表学校形象的，莫过于这些少先队干部了。把自己的教育思想让大队干部去践行，原本也是校长的责任与工作策略之一啊。

来到会议室，准时到会的有四年级（2）班、四年级（4）班以及五年级（2）班的学生。在宽阔而空荡的会议室中间靠后排的位置上，坐着一个看上去很小的女孩，显得与众不同。也许是因为我站在会议室主席台，距离她坐的位置远的缘故，并没有认出她是谁。

其他班级的学生陆续来到了会议室，大队辅导员肖老师也来到会议室。她十分惊喜的表情告诉我，对我的到来，是欢迎的。我对她说：“有些班级的学生来得很积极，但是还有些班级稍微拖沓了些，以后要孩子们从小就要牢记做什么事都得准时。”说完这些，我不经意地顺便说：“瞧，那个三年级的孩子也来得很早呢!”辅导员显然有点惊讶，她说：“三年级？三年级的学生也来了？没有通知三年级的孩子啊!”辅导员刚说完，那些神气地坐在前面几排的四、五、六年级的孩子一起哄笑起来：

“哈哈！哈哈！”我知道，他们的哄笑并无恶意，但是，对那个也许是听错了通知的孩子来说，听到这哄笑声，是否会在心灵受到伤害呢？教育的敏感性告诉我，必须替这个孩子挽回面子。于是，我马上叫她坐到第一排来。此刻，我才看清楚，她原来是才上二年级的如天使般聪明可爱的琦同学。看到这个原本十分活泼可爱的孩子，刚才突然遭受了那些大哥哥大姐姐的取笑，我的心为之一震，有种莫名的痛侵袭全身。

出于本能，我首先亲了亲她的额头，然后动情地跟其他孩子说：“同学们，你们怎么能取笑她呢？你们知道吗？她才多大年纪啊，才上二年级！她小小年纪就这么积极主动地参加我们的少先队大队干部会议，可见她是多么地爱学校，多么积极要求上进，我可以肯定，当她上高年级的时候，一定会是我们的大队干部人选。”然后，我让这个可爱的孩子在第一排最中间的位置坐下来。

随后，我开始了跟孩子们的真情交流。

一直担忧，不知道这颗幼小的纯洁的心灵是否受到了伤害。但是，我能做的，只有把我亲自己的亲生儿子一样的母亲般的吻献给她，想替她挽回点面子，更想用我的爱去抚慰一下她刚才也许受到了伤害的幼小的心灵。但愿，我的意愿能够实现。

晚上，因为儿子表现有进步，我用商量的口吻跟他说：“我可以亲你一下吗？“儿子幸福地说：“可以啊！”我深情地吻了儿子的额头。突然，孩子问了个奇怪的问题：“妈妈，你今天早晨亲了一个学生。你一共亲过多少个学生呢？”亲过多少个学生？我当然记得，做校长以来，我虽然发自内心地很爱我的每个学生，但是，屈指数来，包括今天早晨亲过的琦同学，我亲过的学生还不到10个。于是我告诉孩子：“大约10来个吧！”孩子自豪地说：“啊，这么说来，好多学生都轮不到亲一次呢！”真没想到，一个已经11岁的男孩，还会为校长母亲的亲吻感到骄傲。我的心有点释然了，因为，既然自己的儿子都这么在意我的亲吻，也许，我今天早晨亲吻琦同学的额头，是我表达爱的最好方式了。

特蕾莎修女有这么一句名言：“不为大而爱，只为琐细而爱，从细微的小事中体现博大的爱。”每个孩子，都是妈妈的最爱；每个学生，都是我的最爱。面对这些纯洁得如同白纸一样的儿童，能够接受的，肯定不是办学理念，不是办学思想，也不是教育策略，而很可能就是那么一个母亲般的甜蜜的吻。能用我的真爱去教育引导一个个孩子成长，抑或在孩子的成长过程遭受到挫折或者被误解、被伤害时，能用真爱去抚平孩子有涟漪的心，也算是体味了为人师的一些意义了。[①]

① 本文于2007年发表于《湖南教育》。

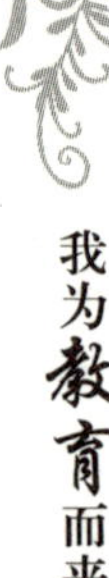

你留守，我流泪

照直说，最初，我是为了兑现对上级领导的承诺才打算做课题的。2006年暑假，县教育局教育行政人员培训班上，我作为“问题单位”的代表到大会发言。我就教师有偿家教处理问题、学校硬件建设问题和教研课题问题在大会上郑重承诺：今后几年，我要把学校工作不足的三块赶上去。

为人以诚信立本的我，做事十分执着认真的我，说到就打算用行动给领导一个答案。于是，亲自策划，打算着手学校留守生的教育问题研究。接下来，查询有关资料，选拔课题组成员，撰写课题方案……直到省里课题立项通知书下达，这工作像模像样地开展起来了。

如果没有给留守儿童做那一次讲座，如果不是那次用真心跟那群弱势群体进行真心交流，也许，我还只是为做课题而做课题。但是，那一次心与心平等的交流，那一双双渴求关爱的眼睛，那一声声真挚的感谢，感动了我，打动了我，鼓舞了我。我决定，作为一个全国优秀教师，作为一个湖南省十佳师德标兵，作为这么多学生的校长，也作为一个10岁孩子的母亲，我真的打算为这些留守儿童做些什么。

做教师这么多年，做校长这么些年，我上过很多公开课，做过好几次讲座。但是，这次讲座中，我面对的是一群缺少关爱的留守孩子，所以，这次的感受是异样的。我虽然记不清楚讲了多久，也记不清楚孩子们回答了多少个互动问题，但是，我记清楚了自己流过几次眼泪，那是发乎于心的泪水。

第一次流泪，是孩子们告诉我，此刻最想的人，是几年不见面的爸爸妈妈。我也是母亲，我同样是从事教育工作多年的教师，所以，我理解这种“最想”的分量有多重。可遗憾的是，这群孩子的父母，迫于生计，不得不离开自己最亲的儿女；这群孩子，出生于不尽如人意的家境，不得不在小小的年纪就少了许多父母的关爱。要么被托付于亲戚看管，要么长期跟着年老体弱的爷爷奶奶过日子。当孩子们面对我，深情地演唱着《世上只有妈妈好》这首歌时，我的眼泪情不自禁地盈满眼眶，顾不得师道尊严，顾不得校长的威望，因为，我首先是女性，首先是母亲，然后，我才是校长啊。那一刻，我真想对所有的孩子说声：“孩子们，校长愿意做你们的妈妈，好吗？”可我没有说，但是我会努力去做。

第二次流泪，是当我问孩子们，听说学校将组织爱心老师，一起来关爱你们时，你们的心情怎么样？孩子们有说高兴的，有说兴奋的，有说激动的，有说幸福的，有说不敢相信这一切是真的。更有几个孩子说，我深深地谢谢校长，谢谢爱心老师们。就是这么一点点小小的举动，让孩子们惊喜、让孩子们感动，让他们道出声声感谢。是啊，这么些年来，我关注过多少优等生，关注过多少家庭环境优越的孩子，可我何曾关心过这群孩子呢？如果我早对他们付出些关心，如果我对他们更多些关注，也许，他们不至于如此激动和惊喜得不知所措了。我流泪了，有被孩子们感动的成分，也有内疚。

第三次流泪，是我给孩子们念读一个留守儿童写的“留守生活故事”的时候，我被那个叫玉儿的10岁孩子的艰难日子深深触动了。一个10岁的孩子，却要带两个更小的弟妹过日子。每天日出而做，日落还要忙，忙碌的身影，憔悴的脸色，疲惫的状态，跟她的年龄多么不相符啊。可这偏偏就是事实。这个孩子就是我的学生，就在我的面前，我怎能不流出同情之泪呢？

再后来，我突然来了灵感，布置孩子们回家写一篇《我的留守生活故事》，这是我打算走进他们心灵的一个举措。我一直想早点阅读孩子们的作品，了解孩子们的内心。几天后，我看到了这些孩子的文章。文中，孩子真情描述了自己的无奈、自己的艰辛、自己的失落、自己的孤独。有个孩子说，“每天看到那么多家长来接孩子，却从来没有看到过自己的双亲，我是多么失望啊。”有个孩子说，“电话就成了我思念父母的唯一工具。”还有个孩子说，“爸妈什么时候能兑现自己的诺言，真的回家过一次年啊？我一直盼啊盼！”每次阅读，都会震撼我做母亲、做教师、做校长的心。

这群孩子，不在天边，就在我的眼前。读知心姐姐卢勤的作品时，我曾经立志去关注几个孤儿；与本地乡村学校开展手拉手活动时，我也曾经踌躇满志，想干番惊天动地的公益事业。可我此刻才意识到，需要我关注的，需要我走进心灵去了解、去呵护的孩子，就在我的眼皮底下。

默默地思考过几个晚上；多少天，大清早就早早醒来，一直因为这些孩子而无眠。突然觉得豁然开朗，四川的“阳光网”工程也好，湖北的“手拉手”也好，本省的家长“代管制”也罢，他们有他们的特色。我们呢，就确定“走进留守儿童心灵，关注留守儿童成长”的主题吧。

留守儿童，需要生活上的关爱，情感上的抚慰，心灵上的呵护。时至今日，课题研究似乎成了其次，而真正能尽力给我的留守儿童学生有些实质的关心，付出我的真心，已经成了我工作的首要任务。唯有如此，我心里才会踏实。把爱献给需要爱的人，我的爱才更有意义。

生活在天使中，自己也成了天使

“生活那么重，而阅读使我们轻盈。”这些日子，于繁杂的公务之余，总能抽出点时间静心读会儿书。接触美文，灵魂在高处游走，身心都觉得轻松了许多。

《今生没有赶赴的约会》，讲的是可亲可敬的郑老师，用特殊的方式帮助一个女生走出情感的沼泽，丢掉失落的包袱，怀抱着青春的梦想，收获着成功的喜悦。这种特殊，无疑来源于教师对学生深深的爱，因为爱，所以要思考，因为思考，所以有了智慧；因为智慧，所以成功。感动于郑老师的爱心、智慧、情怀。

《给天使缝补翅膀》，读起来特别入心。“每一个孩子，其实都是从天上掉下来的天使。他们为什么会掉下来呢？因为他们的翅膀断了。老师，便是给天使缝补翅膀的人。”天使向来都是美丽、单纯、可爱的象征。我们的孩子，有幸遇到某位老师，某位老师，于芸芸众生中遇到这位学生，这种相遇的概率都是很低很低的。既已相遇，自然得彼此珍爱。孩子尚小，教师已成人。孩子向师，教师必须为人师。教师该用何等认真的态度去给天使们缝翅膀，才能对得起这份遇见？想起了央视著名主持人李瑞英说的一句话，退休后一定要去当老师，当老师是行善积德的事。引领孩子学好知识，做好人，让他们一辈子幸福。没有比这更高尚的职业了。

读周世钊的《徐老不老》，被徐老的精神感染，被徐老的干劲打动。43岁了，还去法国留学，当学生，当老学生，需要勇气，也需要毅力。我今年刚好也是43岁，萦绕于脑海的往往是“怎么就43岁了”，言外之意就是年岁大了，干劲减了，进取少了。为何不能换个角度思考“我才43，人生辉煌才刚刚拉开序幕”？相由心生，心态老了，形象也就会变老。为了女性的美丽，也得保持年轻的青春的心。何况，你每天面对的是一群群可爱的天使呢？和儿童生活在一起的人，必然永远年轻。

作为校长，我爱孩子们，非常地爱他们；我感觉，我深信，孩子们也是非常爱我的。或许有人对我如此热爱教育事业不能理解，但是，当热爱成为一种自发行为的时候，内心衍生的幸福感，似乎完全是可以触摸的。

摄取几个片段再现孩子们对我的爱。

6月7日，因为欢送退休教师老王，我和几个同事到了平清村。一群孩子看到了我，非常意外，一个个奔走相告：“杨校长来了，杨校长来了！”我突然听到一个孩子说：“杨校长来了？杨校长真的来了？杨校长怎么会到我们这里来？”我亲切地跟孩子们打招呼：“孩子们，你们好，见到你们好高兴哦。”孩子们一个个向我行礼。看到7个满脸稚气、满身泥巴的农村孩子，我用刚买的新相机给他们拍了张合影，照片上，每一张笑脸都非常灿烂，特别淳朴可爱美丽。

看到我和几位老师走远了，孩子们一直在后面跟着，我听到一个孩子说：“我等一下要告诉我的妈妈的，今天杨校长来我们村子里了。”孩子们表现出来的那种惊喜，足以让我甜蜜好一阵子。

6月13日，孩子们排着整齐的路队放学，有的朝着我微笑，有的给我鞠躬，有的只行队礼不发声，显得非常默契；更多的孩子是一边行队礼，一边问候我：“杨校长好！”没料到的是，一年级（6）班的一个小男孩快走到我身边的时候，非常安静、非常虔诚地给了一个漂亮的“飞吻”。我忍不住发笑了。

9月8日第三节课，我到二年级（3）班听课。教室后面的空荡处摆着五六条木凳子，大概是细心的班主任听说有人来听课给准备的。我随手搬了一条凳子靠近学生的位置准备落座。这时，二年级（3）班向来比较调皮的学生肖泽华把我打算坐的凳子摇了摇，然后悄无声息地替我换了一条凳子。我并没有弄明白他为什么要这样做，就问他："为什么要给我换一条凳子啊?"平时胆子还挺大的泽华竟然低着头，腼腆地对我说："这凳子坏了，脚歪了，我怕您坐上去摔跤，所以替您换了一条。"我备感欣慰，一个年仅8岁的孩子竟然会心细到如此地步。

读书，感受他人的高尚；经历，体验自己的从业快乐。生活在天使中间，自己也成了天使。怀揣着爱心工作，享受着职业的幸福。

爱是教育最有效的密码

尊敬的各位老师，各位同学：

大家好！

我演讲的题目是“爱是教育最有效的密码”。

我 1987 年 7 月参加教育教学工作，最初被分配到山区村小，后来逐步调入乡中心小学、镇中心小学、县中心小学。今天，我想向各位汇报我从教历程中铭记于心的三句话。

我对学生说：“孩子们，你们永远是我的最爱！”

我是那种天性很爱孩子很受孩子欢迎的老师。我常想，当今成长着的孩子最需要的是什么？他们最需要的是来自老师的像甘露一样的爱。“以爱育爱，要对学生有爱的情感、有爱的行为、有爱的能力”，是我教育的座右铭。无论是做教师还是做校长，我总是愿意把全身心的爱平等地分给每个学生。

做普通教师时，因为我深深地关爱我的每一个学生，在教书育人的领域取得了点滴成绩，26 岁就被评为了全国优秀教师。为了拯救失足少年，我承受着他人的误解、侮辱，去监狱里看望教育自己的学生；为了安慰生病的学生，18 岁就开始扮演妈妈的角色；为了帮助孤儿重返校园，我在县市多个部门奔波不息。

担任校长后，我一如既往地关爱着每一个学生。我在校长心语里写道：中国儒家的“仁爱”思想、西方基督教的“博爱论”、佛教的“慈悲观”，核心理论都是一个“爱”字。爱生是学校的立业之本。都说“小学六年影响孩子一辈子”，当家长们把孩子交付给我的时候，是一种何等可贵的信任！作为孩子们的校长，我愿意用我的智慧、我的胆识、我的才气，用我满腔的热情和我校全体教职员工一道用“爱和责任”去从事教育工作。

多年来，我一直坚持加强跟学生的交流，做全体学生的最知心的大朋友。交流方式有电话联系、书信、校长班长联系本、手机短信息、QQ聊天、发电子邮件、校长接待日……学生利用手机信息告诉我，说下课的时候，高年级的同学抢占了学校仅有的两张乒乓球桌子，真希望校长能替中低年级的同学考虑考虑，基于这点，学校投资好几千元钱重新配备了四张新水泥球桌。学生在 QQ 上告诉校长，说有些老师下课拖堂太久，实在是让同学们敢怒不敢言，于是，我安排教导室成员去落实这件事，并在全体教师大会上用心理学家的研究报告告诫教师：“下课拖堂，降低学习效率 27.3%，下课让孩子们适当休息，提高学习效率 45.4%。”像这类交流形式，很受学生喜欢，因为我的关爱，将问题落实迅速，都使他们深受感动。

我对老师们说：“老师们，我给你们的最好福利就是我真心地爱着你们!”

我刚担任正校长时，有位朋友对我说：“你纯真坦诚，并不适合做一把手。”是啊，我是那种痴迷于教学的老师，管理成年人对我来说肯定是个极大的挑战。所以当我被任命为校长之后，竟然跑到县教育局主管政工的领导那里恳求说：“领导，让我继续做副校长吧，我不适合做一把手。”局领导微笑着对我说：“局里已经下文了，不能随意更改的。你业务能力强，又廉洁实干，一定能干好。”

就这样，我当上了师生人数达 3000 多人的县城小学的校长。为了践行我对老师们爱的承诺，我创设了“四精管理法”。我经常给老师们讲生动感人的教育故事，以故事引领教师转变教育观念；我在周计划里设了“每周一语”栏目，让老师们去领悟我的办学理念。从 2005 年 3 月 8

日开始，我就设立了“校长感恩本”，我用真情记录着老师和学生感动我的一个个故事，到现在为止已经写了数万字；每逢重大节日，我会别具匠心，策划感动师生或者家长的感人活动。可贵的实践换来了可喜的收获：我校“感动教育案例”获得省级奖励，我的16篇相关管理论文或随笔在《湖南教育》等刊物公开发表。我真心爱着我的每一个员工，我会在新年来临之际为他们写一张明信片，我会在他们生日的时候派人送去鲜花，我会与他们一起分享成功的喜悦，也会陪他们一起为失败而落泪。人性化管理也让我在学校人气大增。领导感染着教师，教师感染着学生。

有一天下午我在校门口值班的时候，意外地看到一群孩子手里都拿着一朵美丽的鲜花。我怀着好奇心问孩子：“你们怎么都有花朵啊?”孩子们围着我，兴奋地对我说：“校长，我们今天很听话，蒋老师奖给我们的。我拿回去给妈妈看。”哦，我恍然大悟，今天是蒋老师的生日，学校给她送了一束鲜花，极富爱心的她竟然把自己的生日鲜花作为最高奖赏，奖给了听话乖巧的孩子。看到像鲜花般可爱的孩子，看到他们那么快乐的表情。我突然有种感悟：这哪里仅仅是普通的鲜花啊，这分明是一种爱的传递，校长将关爱传递给老师，老师将师爱传递给孩子，孩子又将成长的快乐传递给妈妈。等师生们都回家后，我在感恩记录本里写下这个故事——《16朵生日鲜花》。

我常被感动着，因为我的老师们在我的感化下那么深情地爱着我们的学校，爱着我们的学生，爱着我们的教育事业。

我常对自己说：“爱我所爱，无怨无悔!”

我是那种从小树立了当教师的理想，并立志在教育领域里好好干的老师。当然，要想干好事业毕竟是要付出的。

记得我还在农村镇小任副校长时，县电教站要在三所“现代教育技术教育实验学校”各派一名课题组组长去衡阳南岳学习，考虑到我的孩子才5个多月，先征求我的意见能否去学习。我不假思索地答应了。可出发前一天，许多人劝我：“近来温度高达30℃，孩子这么小，路途又远，还是别去为好。”我义无反顾地自费带着50多岁的老母亲，怀抱着才几个月的孩子，冒着酷暑去了300多里外的南岳学习。同在学习的老师看到一家三代老小，无不惊讶。一位老教师深有感触地说："这种带着婴儿外出学习的现象，我只在50年代见过。"同室的女老师则说："换了我们，是绝对不会这样做的。"的确，这样做是要付出代价的。那一次我们乘车回家时，车子沿途坏了八次，换了三辆车才到家。由于天热人挤，孩子严重中暑，出生以来第一次病了，一病就是十来天。孩子病好没几天，我又赴县城参加了基本功比武；三天后，又赴邵阳市参加教学比武。这一次不敢再带小孩外出了，只得两天两夜尽量少进食，但是尽管我把饮食控制到最低限度，两天不哺乳带来的不良反应还是折磨得我如同大病了。比赛时，我强打精神，凭借自己的实力出色地上完了赛课。获得了市第一名回到家，便迫不及待地让孩子吸奶，由于多餐不进食，乳汁里含有不良成分，导致孩子再一次生病了。5月份结束了，我瘦了好几斤；可怜的孩子，瘦得几乎只剩下一张皮，快半岁的孩子，不知情的人硬说只有两个月大。说心里话，有谁愿意用孩子生病作为代价来换取事业的收获？只是作为主管教学工作的副校长，作为课题组组长，我实在太需要学习的机会。可知道，在偏僻的乡村小学，外出学习的机会是千载难逢的。而加强学习对一个农村校长的成长具有多么重要的意义啊！

我很爱教育事业：每天雷打不动地坚持阅读；无论在哪里培训，我都是最认真刻苦的学员；我不断地写工作反思日记，写了大量的教育教学论文和随笔。我坚持定期给老师们上公开课。这一切的一切，不是我想出什么名想得什么利，而是因为我真的从中体验到了一种职业幸福感。

回首教育往事，脚印深深浅浅，成熟的也好，稚嫩的也罢，都是我真实的成长历程。我真正体验到了教育的本质是"爱得开心"。担任校长期间，学校先后13次获得国省市级奖励，我自己也拥有了诸如全国优秀教师、湖南省十佳师德标兵等荣誉称号。今年还将代表邵阳市100多万师生参加奥运火炬接力。我能成长得这么快、这么好，我内心常怀着一颗感恩的心，感谢我深爱的每一位师生成就了我，感谢党组织如此厚爱我、栽培我。也正是因为常怀感恩之心，所以无论在何时、无论在何地，我都会时刻铭记用“爱和责任”去践行每一件关乎教育的大事和小事。我很喜欢特蕾莎修女这么一句名言：“不为大而爱，只为琐细而爱，从细微的小事中体现博大的爱。”因为我坚信，爱，就是教育成功最有效的密码！①

① 本文2009年发表于《湖南教育》，为作者于2008年4月获湖南省首届小学校长演讲赛一等奖演讲稿。

给学校大队长的两封信

（一）

亲爱的大队长胡可夫同学：

你好！

我是杨老师，现在在辽宁师范大学给你写信。

10月8日清早，我从长沙乘坐飞机来到美丽的海滨城市大连，飞机飞向天的时候，我可兴奋啦！因为我又到达了一个高点。在离地万米的高空，我看到了翅翼下的云层，像铺上一层棉花一般，飞机上空的云层是纯蓝色的，就像一望无垠的海水，飞机飞过渤海的时候，我看到蓝天和蓝海相映，真是瑰丽无比。

大连市非常美丽，房屋建筑美观奇特，各街道都用四季常绿的草和五颜六色的鲜花妆扮着，无处不像花园，城市边山海相连，山围绕着水，水倒映着山，真像一幅美丽的中国画。

我们住在辽宁师范大学国际文化交流中心，与外国留学生楼接近，每天都可以看到日本、韩国、美国的留学生，他们说的语言我一窍不通，真遗憾！我的同学是来自全国19个省市的小学语文骨干教师，都说标准流利的普通话。杨老师希望你们从小就要学好普通话，这样到了外地才能更好地与别人交流。你知道吗，北方人说我们南方的方言就像外语一样，他们一句也听不懂。你还要争取学好英语，这样就能和外国人轻松自如地交流了。

在我眼里，你聪明、有礼貌，成绩优异、能力强，是个优秀的大队长。但是这还不够，因为大城市里的孩子比你们的各方面条件更好，见识更广，所以你要多看课外书，多了解社会，增长见识，才能拉近与大城市里孩子的距离。

杨老师在这里听到了很多全国著名教育家的报告，他们都把自己的学生看成自己最爱的人，让我感动。我也很爱你们，和你们一起学习、一起玩乐，是很幸福的事。他们还说他们的许多学生都成才了，有的考上北大，有的就读清华，有的到美国留学，有的在日本深造，我可羡慕他们了，真希望有朝一日你们也让我感到自豪。我每天除了听专业报告和讲座，还要刻苦地学习电脑技术，以便今后能更好地工作，每天都过得非常充实。

你上次写的《“傻”爸爸》，我在家里时就寄往了沈阳某作文刊物。我们不要把发表文章作为目的，只要写作能力提高了，别的东西可以不必太在意，你说是吗？其实，我也很尊敬你的爸爸，因为他作为地方政府的领导，非常关心我们学校的事，也很尊敬你的每一位老师。你有一个幸福的家庭，你有许多富有爱心的老师，你一定要成为一个最优秀的自己。

同学们都好吗？大队干部们都好吗？辅导员老师好吗？我真诚地希望你以大队长的名义给我写一封信，谈谈学校目前的情况、同学们近段时间的表现，远在他乡我很想念你们。我不一定是最好的校长、老师，但我一定是最爱你们的校长、老师。

今天就写到这里吧！代向你的长辈问好，代向老师们问好，代向辅导员问好，代向大队干部问好，代向同学们问好！

祝你和全体同学身体健康、学习进步！

你的老师：杨晚云

2001年10月19日

（二）

亲爱的大队长胡可夫同学：

你好！近来学习紧张吗？

11 月 2 日收到你的来信那天，大连市已经非常寒冷了。但是看到你在书信中写下的端正美观的文字、感情真挚的话语、条理清楚的记叙，仿佛一缕冬日里的阳光洒在我身上，舒畅极了。与我同宿舍的两位老师也看了你给我写的信。河北邢台的马老师啧啧地称赞说：“字好语言也好，你这大队长选得准。”山东烟台的李老师说：“信的语言朴实，内容有儿童情趣，但对校园秋景的描写不生动不形象；对运动会场面的描写还可以再具体一些。”胡可夫，杨老师在此把外省老师的评价写下来，既是对你的鼓励，也对你提了要求，希望你扬长避短，不断进步。

前几天，我们到与北朝鲜接壤的丹东市考察，来到抗美援朝纪念馆，了解到在朝鲜战场上牺牲了 36 万中国人，我的心沉沉的，看到高级指挥官穿过的纳满补丁的解放鞋，我们都肃然起敬，尤其是亲眼看到了邱少云在烈火焚烧后留下的仅有手板宽的棉衣碎片时，我不由自主地流下了眼泪。在抗美援朝纪念馆，我们受到了很好的爱国主义教育。坐在轮船上眺望对岸的朝鲜第二大城市，显得那么萧条、冷落；再回首看中国的丹东市，楼房鳞次栉比，建筑风格高雅，人车川流不息，鲜花绿草绚丽无比，你知道吗，此刻我们作为一个中国人是多么自豪呀！

在丹东市的全国名校，我们听了几节课，给我印象最深的是六年级学生的即兴作文，即兴演讲的水平真是棒极了。他们在短短的 20 分钟内，有的写出了一千多字的催人泪下的记人文，有的写出了记事清楚具体的叙事文，有的写出了论据充分的议论文，那高超的写作水平，让我们这些听课者瞠目结舌。大队长，这时我真正领悟到了“天外有天，山外有山”这句话的含义了。我们都得努力，你说是吗？等杨老师回来以后，会在提高你们的说写水平方面做一些教学改革，希望你们积极配合。噢，对了，我们学校的小主持人比赛举行了吗？如果举行了，请你把所见所闻所想写下来告诉我吧。我很想了解大家的真实表现。

我在这里的学习很紧张，收获也很大，尤其是计算机水平提高了许多，你会发电子邮件吗？如果会，就用电子邮件给我回信吧。我的邮箱号码是：yangwanyun69@ sima. com。如果还不会，我希望你能早点学会，辽宁师范大学的老师说："不懂电脑和英语的人，将是新时代的文盲。"杨老师真羡慕你们正处于学习的黄金岁月，千万别浪费时间。

为了我们的师生情，为了提高写作水平，为了让我了解学校的近况，请你给我回信，当然，我下次不给你写回信了，因为到 12 月底，我就要回到你们身边来了。

希望你带领同学们多读书、多思考、多长见识。

代为向大队辅导员、向大队干部、向老师们、向同学们问好。

祝你茁壮成长!

你的大朋友：杨晚云

2001 年 11 月 9 日

和孩子一起成长

各位家长朋友：

下午好！北京邮电大学赵玉平教授说："人生最大的成功是子女教育的成功；人生最大的失败是子女教育的失败。"为了让更多家庭培养出更多成功的孩子，学校组织了这次家庭教育讲座。今天的讲座我不会涉猎更多的大道理，而是想以故事、案例来启迪我们如何进行家庭教育，以我自己的育儿体验来跟大家交流做家长的苦与乐。但愿对大家有点启示。

首先我们来做个小调查：请家长们举手示意。你了解自己的孩子吗？你对自己的孩子满意吗？你想过和自己的孩子一起成长吗？

好的，我今天和大家分享的主题就是——让我们和孩子一起成长。

一、父母是孩子成长中最重要的老师

拿破仑说过这么一句话："孩子的未来是好是坏，完全取决于母亲。法国的未来掌握在母亲手里。"韩国第一妈妈张炳慧将三个继子送进哈佛、耶鲁，她的体验就是：好孩子的成长99%靠妈妈。2010年3月，全国政协委员张晓梅提交了议案，"鼓励部分女性回归家庭，并称之为中国幸福的基础"。为什么会提出"让女人回家"这样的提案呢？因为有人研究了日本社会结构以后得出结论：日本让女人回家，所以国家非常稳

定。中国父母忙于生计，疲于奔波，隔辈教育，小保姆教育，让孩子输在了起跑线上。这些观点固然有其片面性，不可能被所有人接受，但是从一个角度说明了母亲在孩子成长过程中占据了非常重要的位置。

关于父亲，有人这么谈体验：孩子五六岁的时候，觉得爸爸是英雄；10岁的时候，觉得爸爸偶尔也做错事；20岁的时候，觉得爸爸是一塌糊涂；40多岁时，觉得爸爸有时说得也有道理；60多岁时，觉得爸爸还是一个英雄。他阐释的观点是：孩子在成长的不同阶段，会因为他的年龄增长和认识水平的变化而对父亲的“英雄”形象有些动摇，但是最终孩子一致会发自内心地承认：“爸爸，才是我心目中真正的英雄！”

《我的事业是父亲》一书的作者蔡笑晚说：我是一名地道的温州人。改革开放的温州，当人人忙于做生意、花时间为孩子赚钱，却疏于教育孩子的时候，而我却留守家中养儿育女，花时间提高自己，甘于清贫寂寞，一心一意扮演好父亲的角色，把孩子的培养排在所有日常事务中的第一位。6个孩子个个成才，功名赫赫：五个博士一个硕士。父亲，就是他一生的事业！

我不知道家长们平时的业余时间都喜欢干什么？这里有个小测试的结论，也许对我们做家长的有所警醒。父母娱乐方式影响孩子的前途：喜欢下棋的家长，孩子读重点高中的比率是45.2%；喜欢打扑克的家长，孩子读重点高中的比例只有3.9%；喜欢打麻将的家长，孩子读重点高中的比例最小，只有2.1%。

我说了上述这些案例，是想让家长们明白，家庭是孩子的第一个课堂；家长，是孩子的第一任老师。孩子的人生成败与否，在很大程度上取决于您的家庭教育。

有些家长过分依赖于老师的教育。不少家长领着孩子入学，便对老师说：“我这孩子交给您就放心了，孩子犯了错误要打要骂随您，我决不袒护。”其实，对学校来说，一个孩子只是几千分之一；对老师来说，每个学生只是她的几十分之一，老师不可能对每个孩子面面俱到；对每个家庭来说，孩子却是家庭的百分之百。美国学者科尔曼教授早在60年代做过一个研究报告得出结论：影响学生学业成绩、人格成长，家庭的作用占到70%。

孩子，只有孩子，才是你心中永远的寄托，永远的希望，永远的最爱。

这就是我说的第一个观点：家长是孩子心目中最重要的老师。请家长朋友们高度重视家庭教育，高度重视自身建设，做到言传身教，做一位称职尽责的好老师。

二、理性客观地对孩子进行教育，避免走进教育误区

正确处理和孩子的关系是全世界、全人类共同面对的问题，也一定是在座各位家长朋友们觉得比较棘手的一个问题吧？

要说家长不爱自己的孩子，这肯定是外行话。我们今天要探讨的就是家长应该怎样来爱自己的孩子。因为只有用正确的方法去爱孩子，去教育孩子，才能达到理想的教育效果。

真正爱孩子，首先应该让孩子成人，然后让孩子成长，最后让孩子成功！这句话我希望每个家长做到耳熟能详。但是，现在的家庭教育有许多误区。我跟大家一样，也是孩子的母亲，我的教育也有误区。那么，我们家庭教育中到底存在哪些误区呢？根据相关家庭教育专家的理论，结合我的实践体验和教育经验，我们在教育孩子过程中常出现以下误区。

1. 过于在意孩子的学习成绩，不尊重孩子的内心感受

我曾经看过一则真实的新闻报道：一个原本一直在全校800多名学生里面，成绩从来不低于前20名的学生，上大学以后，由于迷恋网络而破口大骂自己的守寡母亲，甚至出拳打自己最亲的人，最终逼得母亲出走，甚至自杀。究其原因，母亲是单身养子，历来过分溺爱孩子，唯一关心的就是孩子的学业成绩，只希望孩子考上大学为受情感伤害的自己争口气，而对孩子的思想成长、人格教育，习惯培养置若罔闻。真正目的就是想利用孩子实现个人愿望，最终导致孩子自私狭隘，严重地自我主义。

当今的孩子真累，不知道各位家长是否有同感？正常的学校学习，各种培训班等等，众多任务压头。而且越到大城市，孩子的压力越大。（案例1：北京有个8岁的孩子做作业到晚上10点钟，奶奶打毛衣陪读，她问：奶奶，我什么时候退休啊？案例2：一个台湾朋友发给我的他的6岁孩子一周的安排：周一，钢琴；周二，奥数；周三，阅读；周四，书法。）

《武汉一场作文赛，三千学生妈妈是妖魔》记者发出4200份小学五年级考卷，超过70%的孩子选择了一个共同的题材，被妈妈逼着去整天培优：参加奥数、练琴、学画，做着永远也做不完的练习题。在这些孩子笔下，妈妈是会计师，计算好了他们的每一分钟；妈妈是变色龙，考了满分她睡觉了都会笑醒，考差了就会大发雷霆；妈妈是母老虎，每次出去总被她堵回来；妈妈是河东狮吼，看一会儿电视就会发作。

父母的过分加压，还会造成惨剧。

有个案例我一直记忆犹新：一名17岁的中学生因不能忍受学习重负杀死生母的悲剧发生后，引起了社会各界对教育问题的深刻反思。某中学高二学生徐某出生在一个工人家庭，母亲吴某是某县食品公司职工。虽收入不高，但望子成龙的她省吃俭用，把家里事情全包下来，一心想让孩子读好书。她要儿子每次考试排在班级前10名。母亲的严厉管教使孩子感到非常委屈和压抑，觉得生活没有一点乐趣。

一天中午，徐某饭后想看会儿电视。其母不让，并说："期末考试你一定要考前10名。"徐某顶撞说："很难考的，不可能考得到。"母子再次争执起来。感到绝望的徐某从门口拿起一把木柄榔头朝母亲后脑砸去，将母亲活活砸死。徐某杀母一事震惊了当地。徐某的同学和老师们说他是个品学兼优的好学生。市公安局和市教委的有关人士认为，家长望子成龙心切，子女心理承受力脆弱和缺乏法制观念，是导致这出悲剧的主要原因。

我曾经为一位小学六年级的女学生做过心理疏导。这个女孩非常听话，要强，但在父母严格要求之下心理承受能力极差。数学没有考赢同伴就受不了，两次欲从学校三楼跳下。为此我特地为全体学生做了一次心理讲座——“成功需要一颗快乐的心来支撑”，并且单独找这个女孩子谈过几次话。后来，这个女孩在家校共同努力下才慢慢有了正常心态。

有人这么说：生活在苦难的二三十年代的人，却有一个快乐的学生生活；现在的儿童生活在幸福的年代，却有个苦难的学生生活。有个美籍华人对中国基础教育调查后感叹：我现在终于找到了我们人类社会最苦最累的人，那就是我们的中小学生。当然，我们在座的各位家长的孩子刚上小学，也许这种压力还不是十分明显，随着孩子上学年级的增高，尤其是进入初中以后，每天街上两头黑的基本上就是两类人——一类是为生计苦于劳作的小生意人，一类就是我们可怜的孩子。心理学专家给厌学孩子开药方：放学后痛痛快快地玩上一个小时。其实，玩是联合国《儿童权利公约》的规定之一。因为玩是儿童认识环境、探索世界的最自然最主要的方式，玩也是儿童全面发展的必要途径。实践证明，儿童时期玩得开心的孩子往往易于形成开朗的性格，开放的心态，积极探索、大胆创新的精神。这些都能为孩子今后的发展打下坚实的基础。

其实只要正确引导，孩子是能玩出许多精彩的。有一次，我的住宅区前面一户人家的一只大母鸡被邻居家的狗吓唬，掉入了10多米深的住宅区地下室里。我的儿子和他的伙伴宇觉得挺好玩。这时孩子的奶奶大声吼叫：“快来，掉下去多危险啊。”我正在书房看书，弄明白是怎么回事以后，走到孩子身边，拉着他的手说：“来，妈妈和你一起去看！”于是，我带着儿子和他的伙伴一起看掉下去的母鸡。并且在看的过程中让他们想办法，该怎么救这只母鸡。儿子说：“灌许多水啊，让母鸡浮上来。”周宇说：“拿很长的绳索去钓啊。”最后，我们一致认为用长梯子比较可行。后来，主人还真采纳了这个建议，派人把母鸡给救上来了。这时我鼓励孩子们给勇敢的伯伯以及爱动脑筋的自己来点掌声，孩子非常高兴，后来写了篇作文《一件新鲜事》，写得真切而又生动。

有教育专家研究过，长大后最有出息的孩子，不是成绩特别拔尖的学生，活泼开朗、学习成绩在10名左右的孩子最有出息。在许多发达国家，父母的教育观念都比较开明。他们更看重孩子的各项能力，各种综合素质，而绝对不只是单一的学业成绩。美国哈佛大学的择人标准也很有说服力。有许多的所谓状元都被哈佛大学拒之门外。他们的选择标准是——第一是看高考成绩；第二必须参加社区活动，见义勇为，助人为乐，有个人特长。可见孩子的全面发展多么重要。有项调查也表明：从小自主做家务、善于尽责、富有爱心的孩子和不做家务、不肯尽责的孩子比，长大以后，就业率远远高，犯罪率则远远低。

刘少奇为子女制定的成长进度表：9 岁学会游泳；11 岁学会骑自行车；13 岁能够自理；15 岁独自出门。也足以证明伟人重视孩子综合素质的程度。

家长朋友们，孩子应该有自己的目标，而不是父母的目标。许多父母在孩子身上存在有补偿心理，总认为自己不够有出息，所有的希望就寄托在孩子身上。试想想，如果是你自己，原本就不愿意刻苦读书，却过分地去强迫孩子不顾死活地读书，你换位思考过孩子的感受吗？对孩子的要求，必须根据孩子的实际情况来确定。孩子也是需要尊重的人，时刻注意走进孩子的心灵世界，关注孩子的内心感受，让孩子先学会做人，按照规律成长，这是对孩子负责，对家庭负责，对社会负责。

2. 一味溺爱孩子，不培养孩子的爱心

让孩子没有感觉的爱就是溺爱。法国文学家卢梭有句名言：“你知道用什么方法一定可以使你的孩子成为不幸的人吗？这个方法就是对他百依百顺。”

家长对孩子的爱应该是适度的，可以给孩子必要的精神关怀。溺爱，是没有把孩子当成一个独立的个体，而是把孩子当成父母情感付出的被动接受体。现在的孩子基本上是独生子女，4 个老人，一对父母，6 个人爱一个孩子，戏称“六一”儿童。绝大多数家长都对孩子无私地付出，以为付出就有好结果。小皇帝小公主在家里有至高无上的权利，衣来伸手饭来张口，一个暗示的眼神，一个勾手指的动作，都足以让家长们忙得不亦乐乎。孩子在学校、在家里不能受半点委屈，甚至连学校正常的教育都无法接受。我曾经遇到过这样一位奶奶，她上五年级的孙子欠作业，我上门做家访。奶奶怎么说呢？“老师，我家孙子读不读到书没关系，千万别让孩子冻着了手。”奶奶这么疼孙子，孙子对奶奶却是气势汹汹，动辄骂老人家。奶奶丝毫不生气，还笑着挨骂。我想，如此对待下一代，真是可怕。

我看到过这么一个案例：有位母亲为孩子过了十几个生日了。有一天，一位阿姨给孩子的母亲打电话祝福生日，母亲不在家，孩子接了电话说：“我妈过生日关我屁事!”真是冷漠得让人寒心。我一向主张：百善孝为先。落实孝道才是把握了教育的根本。家长要爱孩子，同时一定要培养孩子爱父母敬长辈的品行。在韩国，每个小学生胸前都挂着“孝行牌”，牌的正面有父母的像，背面有孝敬父母的种种格言与规定，学校要求学生每天对照“孝行牌”默想自己做得怎么样。长此以往，孩子的孝行一定会得到培养。

孩子的爱心就像一棵小苗，要善于培育。要让孩子懂得感恩，父母就要善于发现孩子的爱心，而不是挖苦打击。案例：某对夫妇一起坐在客厅里看电视。孩子给父母各倒了一杯茶，递过去说：“爸，妈，请喝茶!”父亲冷冷地说：“别借倒茶的机会出来看电视!”儿子后来对别人说：“以后我再给你们倒茶我就不是人!”

有一年，我策划完学校的庆“三八”活动以后，感觉很累。儿子站在学校办公室过道里，一个劲儿地喊我：“妈妈，您过来一下!”我本来心里不痛快，以为儿子又要我帮他干啥事情了，就凶巴巴地说：“嚷什么嚷？没有看到我刚才在忙吗？你这孩子，什么事都得喊妈妈。你烦不烦啊!”孩子听了，十分伤心，在一旁蹲下来哭了。后来我才知道，原来他是想在“三八”节这天，把自己订的牛奶攒下来不吃，作为送给我的节日礼物。我感觉十分后悔，也很感动，流着泪真诚地对他说：“孩子，妈妈谢谢你这么孝顺我！我真是太幸福了!”受到我的夸奖，孩子非常高兴地和伙伴玩去了。这以后，更乐于向我表达他的爱意了。

家长朋友们注意留心观察，其实孩子真的都是从骨子里很爱父母的。我们要善于发现、挖掘、扩大甚至夸张这种爱，让他们懂得爱是很伟大的行为，然后用真心去爱一切需要爱的人，这将使孩子一辈子受益。我担任校长时，每年放寒假都要布置学生过“中国年”：年夜饭桌上给长辈夹菜，说一句："您一年来培育我辛苦了，新年快乐!"就是想达到让孩子尊敬长辈的目的。

苏霍姆林斯基说过："教育孩子应该从爱他的妈妈开始。"让孩子孝敬长辈，懂得人情味，不仅是为自己，更是为了孩子一辈子的快乐幸福。只有爱长辈爱兄弟爱老师爱同学的人，长大才能爱同事爱集体爱生活爱祖国。而在父母溺爱下成长的孩子，往往非常自私、狭隘，在社会上肯定是不受欢迎的。惯子若害子，这句话很有道理。

3. 经常指责孩子，让孩子失去自信

每位家长都希望自己的孩子很有出息，至少要比自己强多了，这完全可以理解。

可实际上，父母的标杆总是高于孩子的能力。我们做家长的，很少想过孩子内心到底在想什么。有人曾经对3671名孩子做过调查，最希望父母怎么样。结果56%的孩子希望父母看到他们的进步，54%的孩子希望父母别老说人家的孩子好；仅有11%的孩子选择多点零花钱。相反，许多父母说得最多的一句话就是："你瞧人家，听话，成绩好，你真没出息啊!"还有的家长喜欢用食指指着孩子的脑袋："你这个傻瓜，怎么就这么笨啊!"有的甚至还会顺便加上一句："跟你娘一样，种不好。"多伤人心啊!

有这么一个案例，是说父亲如何打击自己的孩子。孩子放学后，高高兴兴地对父亲说："爸爸，我数学考试考了85分。"父亲头也不抬地问："几个上90分的?"孩子说："9个。"父亲马上沉下脸来："你怎么没考90分啊?"过了一个月，孩子高兴地告诉父亲："爸爸，这次我终于考了90分了。"父亲马上问："几个100分?"孩子告诉他"3个"。父亲非常失望地说："你怎么没考100分?"孩子叹着气离开了，最终失去了进取的信心。

伟人的母亲又是怎样像发现宝藏一样发现自己的孩子的呢？故事《总统母亲的厨房》：比尔出生前三个月，父亲就因为一场意外的事故而去世了。幸运的是他有一位慈爱和坚强的母亲，本来应该是父亲给予他的，母亲都尽力给予。母子对话："比尔，记得你8岁那年曾经对我说你的梦想是做一名律师，现在呢，有什么变化吗?""妈妈，现在我的梦想是将来有一天当美国总统，可以吗?"母亲停下来，用一种欣赏的眼神看着他说："孩子，有什么不可以的，妈妈一点都不认为你是异想天开。也许那些总统们当年也像你一样，在厨房里对自己的妈妈说出当总统的梦想呢!"比尔后来真的成了美国总统，他就是克林顿。当记者采访克林顿谈到母亲时，他说了这样一句话："妈妈给了我一个厨房，那里不仅出产可口的饭菜，还有能分享的快乐。前进时所需要的鼓励和信心、受挫折时所需要的安慰和呵护，那虽然是一个不太大的地方，但对于我来说就是整个世界。"

孩子个体存在很大的差异，根据心理发展学家霍华德·加德纳的多元智能理论，每个人成才的方向也不一样。我们建议，真正了解孩子、正确分析孩子，用孩子可以接受的目标去培养孩子，才是正确之法。自信的孩子最有出息，如果将孩子的自信扼杀在父母亲的手里，该是多么遗憾的事情啊。

三、如何做名合格的家长，引领孩子健康成长

1. 时刻注意自己的言行举止，做好孩子的表率

马克思说过："一个人的成长，很大因素决定于他周边的人。"钱学森长子钱永刚也说："如果说我们家有什么教育秘诀的话，那就是不教育，我们家要说言传，几乎没有，主要靠身教。"

让我们来看一个国外的家长如何对待孩子的成长：一次在法国，3个中国作家一同乘坐法国外交部的车去郊区。前边有一辆旅行车，车轮滚起的尘土扑向作家的车窗，加上雨滴，车窗被弄得很脏。一个作家问司机："能超吗?"司机说："在这样的路上超车是不礼貌的。"正说着，前面的车停下来了，下来一位先生，对司机嘀咕了几句，然后回到车上，把车靠到边上。这个作家问是怎么回事？司机回答：他说"一路上我们的车总在前面，这不公平。车上有我的两个女儿，我不能让她们觉得这

是理所应当。所以我必须主动停下来让你们先走。”

在我们身边，则经常发生一些不尽如人意的事儿。我当校长时，有次在校门口值日，一位家长拉着刚入学的孩子气势汹汹地往学校里冲。值日学生非常有礼貌地给他行队礼说：“叔叔，家长不准入内!”他根本不理睬，横冲直撞。我走过去劝他，照样凶巴巴地说：“管那么多干吗?这是我们办的学校。”我告诉他：“我是校长，希望您配合学校的工作。”看到我是校长，态度稍微好了一点点，但还是很霸气地拉着自己的孩子往学校里面冲。随后我了解了他的孩子，班主任说：“管不了，根本管不了，不是打这个就是打那个，管一个比管全班还难。告诉家长还老不高兴。”我真的很担忧：如果再这样下去，孩子这辈子估计也就毁在他的负面影响之下了。

在此，我还想用我孩子的采访随笔来和大家分享。2010 年 8 月，孩子有幸非正式采访了城关一校毕业的两个非常优秀的孩子的父母，写出了题为“成功的家庭教育造就成功的孩子”的随笔。

孩子采访的第一个对象是 A。A 同学是 2006 年长沙市理科状元，被清华大学电子信息系录取，现已保送清华研究生。他的父母做人做事非常严谨，从不溺爱孩子，对孩子的品格教育极度关注。孩子初中就读于城关中学，酷爱英语，在冲刺名校时，靠英语和数学的绝对优势进入师大附中理科实验班。孩子一进入高中以后，父母从不看电视、上网，唯一爱好就是读书。临近高考 40 天时，母亲请假陪读，在心理疏导方面花费了较多时间。母子如同朋友，关系很融洽。

采访的第二个对象是 B。B 同学 2003 年城关一校毕业，2009 年湖南省理科卷面分第 20 名，被清华大学电子信息系录取。父亲经常利用就餐时间在餐桌上和孩子交流，了解孩子内心，说孩子能接受的话，绝对不说孩子不懂的大道理，定期给孩子写书信，每次出差总给孩子带些实用价值很高的书籍。母亲在教育孩子方面有自己独特的见解：从孩子进入小学一年级开始，给孩子制定了严格的作息时间表，让孩子一定按时完成各科作业，然后痛痛快快地玩。孩子进入洞口一中上初一以后，母亲就跟着孩子学英语，每个英语单词都让孩子扎扎实实地默写过关。孩子初三毕业考入长郡中学理科实验班，到高三时，母亲请假陪读一年。当孩子参加全国联赛失败时，当着孩子的面笑脸相迎，鼓励孩子："无论成功与否，儿子你都是好样的。"不给孩子任何压力。孩子高考时临危不乱，发挥超常。

我的孩子采访后得出结论：如果说孩子的成长是前行的船，那么家庭教育就是水。水能载舟，亦能覆舟。正所谓"成功的家庭教育造就成功的孩子"。

现在有不少年轻的父母迷恋网络游戏，痴迷于玩手机，孩子喜欢跟在一边看，千万别以为孩子还小，无所谓。等孩子上小学高年级、上初中时，一旦上瘾，想拉回来是难于上青天的。这方面的教训非常多。前面提到，专家认为，孩子成功与否，家庭环境起到70%的作用，愿家长朋友们时刻做好孩子的表率，让孩子在您良好的影响下健康快乐地成长。

2. 留心孩子成长的点点滴滴，做个有心的家长

（1）了解孩子可能变化的几种"陷阱"。

根据我从教多年的经验，以及从现实、电视报刊、网络中搜集到的众多案例，认为如今的孩子最容易变化甚至变坏的有下述几种可能：一是同伴带坏。如果孩子交往了不良伙伴，最容易跟着学坏。俗话说"做贼不怕种，就怕三个四个拱"，家长特别要关注孩子的伙伴。二是网络电子游戏的诱惑，尤其是网吧，因为网吧里有太多的刺激和快乐。家长一定要留心孩子千万别陷入网络世界里，一旦陷入，是十分危险的。这样的反面例子实在是太多太多了，信息部早就发出倡议：珍爱生命，远离网瘾。三是家庭变故。国内调查发现，网瘾孩子90%是因为家庭环境出了问题。为了孩子，我们必须有个良好的家庭环境，让孩子们在温馨的氛围里健康成长。四是压力过大，导致孩子厌学。连金属都会疲劳，何况人呢？所以压力过度会适得其反。我有个朋友的孩子一直十分优秀。由于成绩总在年级名列前茅，结果自己给自己过大的压力，每次都逼自己考第一名，最后导致严重厌学，无可奈何，只得暂时休学，调整心态。

（2）设立孩子成长档案，记录孩子成长的点点滴滴。

韩国第一妈妈张炳慧在《好孩子的成长99%靠妈妈》里谈道，你不必成为教育专家，你是母亲，没有一个教育专家比母亲更了解自己的孩子。她不谈任何教育理论，仅仅描述出与三个孩子平日生活的点点滴滴，从中可以看出一个母亲如何用心去观察孩子所需，从旁辅佐孩子成长，以及在面对问题时的种种挣扎，如何选择对孩子最有利的解决方法。

我的孩子从上小学一年级开始，我就用专门的本子记录孩子的成长历程。从2008年下学期开始写育儿日记，到2014年6月孩子高三毕业，一共写了30多万字。因为孩子到长沙去求学，母子很难在一起，在一起时，孩子的言行举止，我都一一记录下来。孩子每次考试成绩，每次成长大事，都设计好专门的表格，详细记载下来，存下了电子文档。比如：2008年12月8日，《加油，火炬手》征文获得了省一等奖；2009年11月27日，孩子加入了共青团；2011年5月13日，因为踢足球摔伤了手……我的日记也给孩子看，让他从我的文字中了解自己的优缺点。带孩子出去旅游，孩子的喜怒哀乐，我也都会随时随地记下来。每次跟孩子的短信交流，我也尽量摘录在育儿日记本上。孩子问我："妈妈，您记这些有什么用吗？"我告诉孩子："等我老了，我可以通过文字来回忆和你一起成长的点点滴滴；等你长大了，你可以从妈妈的文字中了解自己的成长历程。还有，如果你将来有出息了，我也可以出书，和别的妈妈分享啊。"也许知道我非常关注他，孩子的总体表现还是不错的。2008年以望城考区第一名的成绩考入麓山国际实验学校；因为在班级综合表现最优秀，2011年被评为长沙市三好学生；初三第一学期就考上了长郡中学理科实验班。2013年参加全国奥数竞赛，获得湖南省第21名，2014年考入了浙江大学求是数学班。

有人说，小一到上高中之前，父母应该是孩子的朋友；进入高中之后，就得跟孩子成为战友。在孩子进入高中以后，我选择了跟孩子一起"战斗"，为孩子迎战高考做了大量的服务性工作。比如孩子高中阶段的每一个英语单词我都跟着读写了一遍。大多数人这辈子只有一次做父母亲的机会，尽心尽力了，也就没有遗憾。但愿能对在座的父母亲有所启迪。

（3）蹲下身子，和孩子平等相处，成为孩子最知心的朋友。

现在的独生子女的确很孤独，家里两个老人，两个中年人，各自都有自己的伴儿，可独独只有一个儿童，他们缺少自己喜欢的交流对象，非常孤独寂寞。有一天，孩子跟我说："妈妈，我真希望您能给我带一个或者生一个10岁左右的弟弟，那样，我也就有个同龄人做朋友了。"听后我深有感触，同龄人好交流，可现实哪里允许我们满足孩子的要求呢？于是我对孩子说："为了让你也有个伴儿，我决定，每天3小时做你的朋友，其余21个小时做你的母亲。"孩子欣喜若狂，立马跟我扮演起朋友的角色来。他要我陪他玩悠悠球，欣赏他那高超的"甩、收"技术；要我和他进行捡小石子比赛，体会他成功的喜悦；要我跟他一起看动画片，跟着他欢呼叹息。他还得在特定的时候叫我为"哥们儿"。老实说，我这个40多岁的女人，跟一个10多岁的男孩一起玩乐，实在是委屈，但是为了内心倍感孤独的孩子，我也只好蹲下身子跟他一样，当起了一个老顽童。我十分投入地笨拙地学玩悠悠球，我进入状态地欣赏《奥特曼》，我还"哥们儿"长"哥们儿"短地跟着孩子一起谈笑。

孩子进入初中以后，我又尽力让自己保持一颗少年的心，跟他一起读书、一起写作、一起娱乐。虽然未必真的很进入状态，但尽量能让孩子感觉到我在和他一起成长。

孩子快乐了，更愿意跟我说心里话了，我也更多地了解了孩子内心渴望什么，讨厌什么，快乐是什么，苦恼是什么……为人父母，若能走进儿童心灵去教育孩子，更能有的放矢。请父母们记住，只要孩子愿意跟你倾诉，孩子基本上是不会变坏的。因为你能随时了解他的内心动态而及时进行疏导教育。而要想让孩子信任你，就必须得放下架子，真正成为孩子的知心朋友。

3. 懂得赏识孩子，用爱心引导孩子不断进步

我给大家讲两个故事。

我要讲的第一个故事是《美国优秀的白人教师》。美国一位美丽的

白人女教师，在给黑人孩子上课的时候，要孩子们数手指。有个十分弱智的黑人孩子，数了老半天，鼓足勇气说："老师，我有三个手指。"这位教师说："太好了，简直太了不起了，你这次只少数了两个。"让这个原本十分弱智的孩子得到这么大的表扬，真的，这种极度包容的师爱，让那个弱智孩子觉得自己简直跟神童站在一起，满脸兴奋和自信。

洞口特教学校的一位年轻教师给我讲了这么一个小故事：第一天上班，一个孩子早上问她："老师，您姓什么？"她觉得这孩子还不错，能问这样的问题。可谁知道，就是这么一个简单的问题，这个孩子一天问了她 4 次，她以为孩子总该记住了。下午放学时，孩子又问："老师，您姓什么？"这位年轻的教师发出感慨：能生一个正常的孩子，就是家庭最大的幸福。

家长朋友们，孩子天性都是脆弱的，弱小的生命往往担心自己不行，需要得到赞许和肯定，才能够确定自己的价值，一声"太好了"会给孩子成长增添巨大的力量。

第二个故事特别让我感动。《一个母亲的三次家长会》：有个孩子，各方面表现一般甚至偏差。第一次参加家长会，幼儿园的老师对母亲说："你的儿子有多动症，在板凳上连 3 分钟都坐不了，你最好带他去医院看一看。还有，你儿子不爱学习，这以后可怎么办！"

回家的路上，儿子问她老师都说了些什么。她鼻子一酸，差点流下泪来。因为全班 30 位小朋友，唯有他表现最差；唯有对他，老师表现出不屑。然而，她还是告诉了儿子："老师表扬了你，说宝宝原来在板凳上坐不了 1 分钟，现在能坐 3 分钟了。其他的妈妈都非常羡慕妈妈，因为全班只有宝宝进步了。"

那天晚上，儿子破天荒地吃了两碗米饭，并且没有让她喂。

儿子上小学了。家长会上，老师说："全班 50 名同学，这次考试，你儿子排在第 49 名。我们怀疑他智力有些障碍，最好能带他去医院查一查。"

回去的路上，她流下了眼泪。然而回到家后，她满脸欢喜地对坐在桌前的儿子说："老师对你充满信心。他说了，你并不是个笨孩子，只要能细心些，会超过你的同桌，这次你的同桌排在班级第21名。”

说这话时，她发现，儿子暗淡的眼神一下子充满了光彩，沮丧的小脸也一下子舒展开来。她甚至发现，儿子温顺得让她吃惊，好像长大了许多。第二天上学时，儿子没有睡懒觉，去得比平时早了半小时。

孩子上初中，又一次家长会。她坐在儿子的座位上，等着老师点她儿子的名字，因为每次家长会，儿子的名字总在差生的行列被点到。然而这次却出乎她的意料，直到结束，都没听到。她有些不习惯，怀疑是不是老师搞错了。临别，她去问老师，老师告诉她：“按你儿子现在的成绩，只能考职高，考重点高中有点危险。”

她怀着惊喜的心情走出校门，此时她发现儿子在等她。路上，她扶着儿子的肩膀，心里有一种说不出的甜蜜。她告诉儿子：“班主任对你非常满意，她说了，只要你努力，很有希望考上重点高中。”

儿子从重点高中毕业了。第一批大学录取通知书下达的日子，学校打电话让儿子到学校去一趟。她有一种预感，儿子一定被清华大学录取了。因为在报考时，她对儿子说过，她相信他能考取这所学校。

儿子从学校回来，把一封寄件人为清华大学招生办公室的特快专递交到她的手里，突然转身跑到自己房里大哭起来，边哭边说：“妈妈，我一直都知道自己不是个聪明的孩子，我也知道老师在家长会上说了什么，是您不愿意伤了我的自尊心，让我能一直坚持下去。谢谢你，妈妈……”这时，她悲喜交加，再也按捺不住十几年来积聚在心中的泪水，任它打在手中的信封上。

家长朋友们，不要舍不得夸孩子，芝麻夸着夸着就成西瓜了。上述故事告诉我们：鼓励和赏识孩子能产生多么神奇的力量啊！家长作为孩子的第一任老师，永远的老师，应当时刻注意发现孩子的闪光点及时给予表扬，时刻让孩子找到自信。

4. 选择孩子能接受的批评、惩戒教育

从教育学角度来说，教育通过两种形式来影响人的社会化：一种是正强化，即赏识、表扬；一种是负强化，即批评，惩罚。

惩戒是以教育为前提、以惩罚为手段，以不损伤孩子的身体为原则，以不再出现要“戒”的行为为结果，如训诫、斥责，惩罚性更正作业，取消某项权利等等。教育不能没有惩罚，当然，惩罚不是体罚。

孩子毕竟是儿童，所以在成长过程中，总会出现家长意料不到的现象发生。我们强调表扬，鼓励，但是我们同样也要探讨关于批评、惩戒教育的话题，使用惩戒教育手段必须始终着眼于孩子的可接受性、能发展性。简单的说教和体罚、辱骂都是孩子所反感的。把批评惩戒融入具体的活动中，让孩子在情景和活动中体验、反思、感悟，往往能受到较好的教育效果。

案例1：智慧妈妈（孩子犯错之后）。

8岁的黄奕在客厅玩耍时，不慎打落了一只花瓶，为了掩盖自己的错误，慌乱中她把碎片用胶水细心地一片片粘起来，然后放到了原处。很快被妈妈发现了。妈妈问道：“是不是你不小心打碎的?”黄奕早就想好了对策：“是一只野猫碰倒的。”妈妈很清楚孩子在撒谎，但她不动声色地说：“看来是我们大人的疏忽，没有关好窗户，打碎了你爸爸心爱的花瓶。”随后，妈妈拿出一盒孩子爱吃的巧克力：“来，这东西奖给你，因为第一，妈妈发现你有杰出的修复天赋，能把花瓶用胶水黏合得几乎天衣无缝，说明你心灵手巧；其次，你能运用神奇的想象力创造出一只会开门窗的猫，这对你今后写作文是一大优势；还有妈妈要向你表示歉意，我不应该把花瓶放在那么容易摔落的地方，以致让你受到了惊吓。”孩子停止了咀嚼：“可是，妈妈，我……”她想解释什么，妈妈把食指放在嘴边做了一个“嘘”的动作，眼里全是赞赏。从那以后，孩子再也没有撒过谎。

案例2：《如何选择孩子能接受的惩戒教育》。

“大杰克和小杰克是孪生兄弟，正在学校读书。家长给他们配了一辆汽车作为上学的交通工具。这兄弟俩由于晚上贪玩，好睡懒觉，经常迟到。有一天上午考试，尽管教师事先警告他们不许迟到，但他们因在路上玩耍，还是迟到了30分钟。教师查问原因，他们谎称汽车在路上爆胎，到维修点补胎误了时间。教师暗暗查明了补胎是他们编出来的谎话。

假设你是杰克兄弟的教师，你将怎样处理？”多名教师认真思考，完成了答卷。主持人经过分析整理，从中归纳出25种处理方式。其中主要的方式有中国式的处理方法：一是当面进行严肃批评并责令写出检讨；二是取消他们评比先进的资格；三是报告家长。有美国式的：对兄弟俩说，假设今天上午不是考试而是吃冰淇淋和热狗，你们的车就不会在路上爆胎了。有英国式的：把真相告诉家长和全体学生，请家长对孩子严加监督，让全班孩子讨论，引以为戒。有以色列式的：提出3个问题，让兄弟俩分别在两个地方同时作答。3个问题是：①你们的汽车爆的是哪个胎？②你们在哪个维修点补胎？③你们付了多少补胎费？200多名孩子中有91%的孩子选以色列的处理方式作为自己最喜欢的方式。主持人认为，绝大部分孩子喜欢的方式，就是惩戒教育的最好方式。以色列的方式为什么受欢迎？因为它带有游戏性质，孩子不难堪。

西方有句谚语：“世界上没有一个人是完美的，除非他是上帝；没有一个地方是完美的，除非它是天堂。”何况是孩子呢？所以任何孩子犯错我们都要能接受能理解，只是我们面对孩子的犯错，尽可能地选择合适的批评、惩戒教育，对孩子的健康成长必将产生很大的意义。当然，这是需要我们家长付出耐心和智慧的。

5. 对照好家庭好家长的标准，尽力营造好的家庭氛围

杭州市教育专家韩似萍归纳了好家庭好家长的10个共同特征：孩子有较好的居住与学习条件；家庭人际关系和睦；父母非常注意与孩子情感上的沟通，重视孩子的交往问题；家庭成员间相互尊重、信任，家庭民主气氛浓厚；注意对孩子人格的尊重，注重自身的示范作用；教孩子做人比指导孩子学业更重要；99%的学生从小到大一直由父母亲自带养。

各位家长朋友，鲁迅先生有句名言：小的时候不把孩子当人，长大以后，也做不了人。是啊，所谓3岁看7岁，7岁看一辈。孩子的成长何等重要。但是，孩子不过是一个半成品，从半成品到成品，必须要经历一个漫长的打磨过程，孩子的成长是长跑不是短跑。培养孩子需要耐心，需要吃苦，需要智慧。著名教育家苏霍姆林斯基说过：“孩子就像初绽的

花蕾，我们需要多么的小心谨慎……因为我们接触的是自然界最精细最娇嫩的东西。”让我们为了孩子一生的幸福，蹲下身来，亲切地、真诚地跟孩子说声：“孩子，让我陪伴你一起成长！”我们更有必要时刻做到的就是——学习先进教育理念，变教育配合为教育合作，爱孩子，会爱孩子，让孩子赢在人生的起跑线上。衷心祝愿各位拥有优秀的孩子，拥有幸福的家庭，拥有美好的人生。①

① 本文获邵阳市优秀家庭教育讲座稿，在长沙、邵阳、洞口讲座多场。

专辑三

走在研究的路上

“如果你想让教师的劳动能够给教师带来一些乐趣，使天天上课不至于变成一种单调乏味的义务，那你就应当引导每一位教师走上从事研究的这条幸福的道路上来。”不论教育家还是名师抑或优秀教师，教育教学科学研究在其教育实践生涯中起到了不可或缺的作用。很大程度上，这种研究丰富了他们的教育内涵、改善了他们的行走方式、优化了他们的生命状态，帮助他们走上了事业的高峰。

怎样培养
小学中年级儿童的写作兴趣

一、问题的提出

本人从事小学语文教学15年，一直对语文教学有着浓厚的兴趣。秉着对作文教学的热爱，2000年下学期刚开学，身为教学副校长的笔者主动承担了三年级整个年级5个班级的作文教学。教学伊始，先对5个班278名学生进行问卷调查，结果令人瞠目：学生在一年级写话，二年级起步作文训练的基础上，对作文的含义有所了解，而对作文的态度令人十分担忧，下表便是佐证：

对作文的态度	人数（人）	占调查总人数百分比
喜欢上作文课	16	5.75%
上作文课心情紧张	170	61.1%
害怕写作文	164	58.9%

美国教育心理学家林格伦说："会写，这是作为文明社会一员的最本质的成分。"的确，作文是语文学科的"半壁江山"。作文能力是儿童语文能力高低的重要标志。而作文本身又是语文教学的难点，尤其是对低中级儿童而言，作文更是难中之难。中年级学习阶段是学生正式作文的

起点，儿童对作文产生的最初情感态度甚至会影响他一辈子对作文的好恶感情。浓厚的兴趣是成功的一半。可见，培养中年级儿童的作文兴趣至关重要。

二、儿童厌作原因分析

儿童讨厌作文、害怕写作文，主要有以下几种因素：一是来自教材的原因。一方面现行教材内容与学生生活实际联系不紧，有“童趣”、儿童真心喜爱的作品不多；另一方面，教材每单元的习作选题不能满足儿童内心所需，习作要求又太笼统，凭儿童的认识水平不能理解。二是来自教师的原因。其一，教师往往用成年人的眼光看儿童的作文，要求过高；其二，教师不能进入儿童心灵，体验儿童写作苦衷，因而引导不够得体、得法、合乎童心；其三，作文评价语概念化、单一化，对儿童启发不大。三是来自学生本身的原因：一是生活单调，生活经历太少；二是不善于观察、积累、思考，内心储备及写作知识太少；三是对各类“作文选刊”过于依赖，刻板模仿，束缚了自己的思维。

三、改变儿童厌作现状的对策：走进儿童心灵教作文

全国小学语文界知名特级教师刘中和认为：“儿童的天性是爱作文的，要发现这种爱，发展这种爱。”而学生现状却与他说的大相径庭。怎样才能让学生们如宋代谢枋得所说：“但见文之易，不见文之难”呢？笔者探讨了“走进儿童心灵教作文”教学之法，旨在培养儿童作文兴趣，提高儿童写作能力。

1. 真诚地爱儿童，与儿童心贴心

伟大的教育家陶行知先生在《创造的儿童教育》一文里谈道：“我们要加入到儿童队伍里成为一员，不是敷衍的，不是假冒的，而是真诚的。”教育家乌申斯基也如此阐述：“儿童比成年人更容易看清我们对他怀有的情感，这是由儿童天性的纯真和逗人喜爱的模仿能力所决定的。”儿童是活生生的人，他们和成年人一样，渴求尊重和理解，比成年人更需要爱，懂得爱。教师必须放下师道尊严，用一颗纯洁无瑕的童心去与

儿童交往，以心换心，师生就能心心相印。现摘录一段师生交心对话如下。师：“从今天开始，将由我来教你们的作文课。听到这个消息，你们的心情怎样？”学生祯说：“我心情很高兴，因为我听说您是最好的老师。”师：“我不一定是最好的老师，但一定是最爱你们的老师。”学生晶站起来说：“老师，我听了您的话，心情很激动。您说您很爱我们，我要说，老师您爱我们，我们更爱您。”以后的教学实践，充分展示了教师对学生的浓浓的爱意。毋庸置疑，教师尊重儿童人权，爱护儿童，便能使儿童“亲其师”“信其道”。

2. 减轻儿童写作文的心理负担

心理学家曾经做过一个调查：孩子最怕什么？研究结果表明：孩子不是怕苦，也不是怕物质生活条件差，而是怕丢面子，失面子。事实确实如此，孩子的内心天生都是脆弱的，弱小的生命往往担心自己不行，需要得到赞许和肯定，才能够确认自己的价值。明朝理学家王阳明谈道：“今教童子，必使其趣向鼓舞，中心喜悦，则其进自不能已。”儿童初学作文，知识积累、生活素材非常有限，认识水平不高，表达能力不强，作文难以下笔，习作不尽如人意，是情理之中的。若教师对儿童过分求全责备，必然强其所难，使他们产生畏难害怕情绪。笔者教育学生，写作文并非难事，每个人都可以学会。多看看周围的人、事、景、物，有什么，看什么；看过后，说一说：说什么写什么，经历什么写什么，可以写快乐也可以写烦恼，可以写笑也可以写哭，不拘形式，不论长短，自由地用文字写出来就是文章。为体验儿童写作的苦衷，教师坚持做到与学生共同写，每次习作指导必写下水文，与儿童同“乐”同“苦”，让儿童感到老师不怕写作文自己也不能怕写。对于学生的习作，尤其是优秀作品要大张旗鼓地表扬，或在班刊上登载，或寄出去发表，或将小作者评为“小作家”“作文王子”，让学生满心欢喜，体验到成功的快乐。就算是失败之作，也尽量挖掘其中哪怕只是一个闪光的句子，一个用得十分恰切的词语，一丝真挚的感情给予肯定、加以赞扬，保护儿童的自尊心，培植其自信心，让孩子们彻底消除了害怕紧张的情绪。实践证明，从减轻学生写作的心理负担入手，是使儿童爱上作文、写好作文

的有力切入口。

3. 激发儿童内心的写作动力

苏联教育家赞可夫说："只有在学生情绪高涨，不断要求向上，想把自己独有的想法表达出来的气氛下，才能产生出使儿童的作文丰富多彩的那些思想、感情和词语。"可见要想使学生写好作文，必须激发儿童写作热情，使其产生写作的内动力。笔者采取了下述方法激发学生写作热情。一是用趣味故事、古今中外的正反实例故事使学生明确写好作文的意义。给学生上第一堂作文课时，教者讲述了三国故事《一首诗救了一条命》，对学生触动不小；每周一次作文讲评课时，不时讲述现代竞争社会的人如何借助自己"出口成章""下笔千言"之才华，被择优录取的事例。诸如此类的故事型"激励法"，使学生幼小的心灵懂得了写好作文的重要性。二是根据叶圣陶的观点"人在生活中随时需要作文，所以要学作文"教育学生，在工作、学习、生活中都需要作文，作文无处不在，使学生懂得了作文的实用性。三是从杰出教育家乌申斯基"儿童的天性需要直观性"论点出发，采取看录像、听音乐、画图像、唱歌曲、演角色、尝味道、当记者等多种形式，调动学生的各种感官，让学生感受到作文的趣味性，使学生以写作为乐。四是运用多种物质或精神奖励形式，让学生体验到写好了作文的成就感。五是充分发挥教师的口才优势，经常随口作文，经常让学生任意出题，教师出口成章，不仅说得清楚具体，而且说得幽默生动、声情并茂，让人时而泪流满面，时而又捧腹大笑，使学生感受到作文的魅力所在，使他们也经常跃跃欲试。学生明白了作文的重要性、实用性，感受到其趣味性，体味到作文的魅力所在，体验到自己习作成功的喜悦，学写作文也就显得积极主动、热情高涨了。

4. 满足儿童写作内容的需求

乌申斯基说："应当把儿童的学习及其学校和家庭生活组织得能使他的心灵在其中获得尽可能多方面的广泛的满足。"儿童作文最困难的就是无话可写。教师必须满足儿童习作内容的需求，替儿童着想，以提高作文教学质量。

（1）开展各种形式的活动丰富儿童的生活。

叶圣陶先生早就切中肯綮地指出："作文这件事离不开生活，生活充实到什么程度，才会做成什么文章。"作文教学实践告诉我们，有了充实的生活才会有好文章。因为只有让学生走进生活，开展多种形式的课内外、校内外活动，让学生以自我为中心，以学校、家庭、社会、大自然的活动为铺设，在校内外广泛涉猎，才能有话可写。例如指导学生写当地常见植物野菊花，师生一起上山采花，在班级小花圃栽花，观察花的成长过程，画花的形状，闻花的气味，师生讨论花的品质，最后再写花。有了采花、栽花、观花、画花、议花的生活积累，一篇篇写《野菊花》的优秀文章跃然纸上。有位学生写道："野菊花花朵不大，外表朴素，不择环境生长，真像农民伯伯。"这样的话语出自稚嫩之口，没有生活做基础，是很难写出来的。节假日，教师经常组织学生爬山、钻洞、划船、搞文体活动。有了丰富的生活，学生作文就不会为"无米之炊"而发愁了。

（2）教育学生做真人、写真话。

著名作家巴金认为艺术的力量在于"说真话"，真实才是美。而当今小学生习作现状是千人一面，内容雷同。一项调查表明，学生的作文内容基本上是编的或抄范文的达80%以上。究其原因，还是学生无话可写所致。如何引导学生初学作文时做到有话写，写真话呢？笔者认为，一是做好学生的人生老师，引导学生做真人。要求学生热爱生活、关注社会，努力去做好每一件力所能及的事。如为了写好第六册第二单元"我学会了……"一文，给学生提供了包括"洗衣服、买菜、操作电脑"等30多项内容，要求学生先亲自去做、去体验、去找作文的"源头活水"，然后再写。此次学生习作非常成功，不仅叙事清楚具体，而且感情真实可信。二是引导学生选择真实的写作素材。学生习作出现假、大、空的现象，一方面因为学生人生阅历浅，生活单调，还有一个重要原因是学生普遍存在不会选材的毛病。儿童好玩、好奇、好动，亲自经历过的形形色色的事也不少，但不会与写作文联系上。这就要求教师架好学生生活与学生习作之间的桥梁，引导学生选好真实而丰富的写作材料。以第六册第一单元“一件有意义的事”选材为例，教师初讲时，90%的学生把有意义的事单纯地理解为“助人为乐、拾金不昧”的好事。这样选材虽然符合要求，但内容陈旧、单调，缺少新意。笔者将“有意义的事”概括为“对别人、对集体有好处、有帮助的事”，然后放开让学生思考：“在学校，你是否做过对班级、学校、同学有好处的事？”15%的学生举手，选了发生在校内的事。学生典就选择了他背脚部受伤的栋上厕所的事例。“在家里是否做过对家人、对家庭有好处的事？”此时30%的学生选材，有选“教妈妈说普通话”的材料；有选“劝爸爸不打麻将”的材料，再引导学生回忆自己在社会上、大自然中做过的事。几乎90%的学生均在教师的引导下放开思路，选择了自己亲身经历过的“真事”。这次学生习作真可谓“万紫千红，各放异彩”，一次性就在省刊发表了几篇。学生伟所写的《我帮弟弟找到了丢失的10元钱》一文还在全国万校作文比赛中获奖。三是教师言传身教，带头做实事、写真话。每安排一次习作，师生共同亲身体验，同做事，同写作。教育事业说到底是爱的事业，教师真正与学生融为一体了，学生自然“向师”“效师”。有了教师求真务实的教学作风，学生习作自然也就习惯于写真话、抒真情了。

（3）引导学生积累作文材料。

“积学以储宝”，积累是学习和写作的基本功。学会积累，就能增加知识，储备写作素材，提高对客观事物的认识，写作也就有了“源头活水”。学生升入三年级以后，已经开始学写钢笔字，为积累奠定了书写基础；从阅读角度来说，课内外阅读量均有增加，为积累提供了内容。三年级学生开始进入正规写作序列，养成积累习惯十分重要。近处看，为本年级的写作提供了素材；远处看，能使学生一生受益无穷。本人这样引导学生积累：一是要求每个学生备好知识积累本，建议命名为“聚宝本”“写作材料仓库”，主要积累通过课内外阅读所获取的知识。积累步骤为“四步式”：第一步独立阅读；第二步用笔标记自己喜欢的优美词、句、段；第三步抄写在学校统一精心设计的“知识积累本”上；第四步熟读成诵。二是引导学生备好现实生活积累本，建议命名为“我的故事”“生活天地”，主要积累学校、家庭、社会、大自然中的一些丰富多彩并有典型意义的人、事、景、物。把所见、所闻、所感及时写下来，以备日后作文用。许多学生的成功之作，都得益于生活积累本。三是引导学生积累自己的观点。笔者要求学生从小养成有主见的品格，培植思维的全面性深刻性。要求学生学会对人、事及社会现象进行评价。一想到什么新观点，就在本子上写下来，还可以与老师、同学探讨看法，允许保留不同意见。长期坚持，学生便会养成独立思考、发表独到见解的习惯。同样参加了一次有趣的“跟我做”的活动，学生琛在作文中写道：“没有想到一个简单的游戏，还包含着一个道理：做什么事情都要细心才行。”思则认为：“不认真观察，不动脑想一想，就会轻易上了别人的当。”学生小小年纪，敢于“百家争鸣”了，长大何愁不能妙语连珠。

“农夫怕天旱，学生最怕过作文关。”一语道出了学生作文之难。苏霍姆林斯基说：“教师要把整个心灵给儿童。”笔者从中受到启迪，因而确定了自己的作文教学思想，即走进儿童心灵教作文。教师与儿童成为知己，用儿童般的眼光去看待周围的人、事、景、物；用儿童般的大脑去思考所见所闻；用一颗纯洁无瑕的童心去体验儿童们感兴趣的生活；把儿童的兴趣爱好作为自己的兴趣爱好。诚心诚意地爱护儿童、尊重儿童、赏识儿童、激励儿童，多方位地满足儿童写作内容需求，极大地激发了中年级儿童的写作兴趣，实践一年以后，95% 以上的学生爱上了作文课，爱写作文了。一大批儿童写出了优秀的作文，便是实验成功的最好的佐证。①

① 本文获省级论文评比一等奖；系国家级小学语文骨干教师优秀结业论文，标题名称有改动。

小学高年级语文重点句子教法研究

先贤言："授人以鱼，不如授之以渔，授人以鱼只救一时之急，授人以渔则可解一生之需。"英国生物学家达尔文则认为"最有价值的知识是关于方法的知识"。这些名言从不同角度论述了向学生传授学习方法的重要性。

在进行小学高年级语文阅读教学时，其中《语文课程标准》规定了一个阅读重点是"联系上下文和自己的积累，推想课文中有关词句的意思，体会其表达的效果"，并强调"体会作者的思想感情"。而体会文章的思想感情，着重是靠领会集中体现课文所要表达的思想感情的重点词句。教学实践中，一般的教师往往采用机械地抄袭教学参考答案的方法，让学生死记硬背。由于小学生思想认识水平不高，往往难以与作者产生感情共鸣。理解句子含义是学生学习中的一只拦路虎，学生中出现了一碰见理解句子含义的题目就畏难的现象。学生一时答不出问题事小，日后阅读时无法真正领会文章的思想感情则是大事。如果教师在指点学生理解句子含义时能够摸索出规律，教给学生理解句子的方法，则能达到举一反三、事半功倍的效果，而且可使学生终身受益。

笔者从事小学高年级语文教学已达 17 年，纵观课本中近 30 道理解句子含义的习题，归纳出了一些理解方法，并将富有代表性的一些方法传授给学生，功效是非常明显的。现将几种方法做一浅析。

一、抓住“句眼法”

有些句子看似很长，其实思想感情的含义集中包含在几个重点词语中。若能抓住重点词理解，整个句子的含义也就显出来了。《在仙台》一课中有一个重点句子是“我拿下来打开看时，很吃了一惊，同时也感到一种不安和感激”。在这一个句子中，着重引导学生理解“吃惊”“不安”“感激”的词义，句中包蕴的作者对老师藤野先生尊敬和感激之情就易于被学生理解了。

二、由表及里法

有些句子包含有两层意思，表面意思浅显易懂，内含意思却既重要又很难领会。学生若掌握了“由表及里法”，就能学会透过表面意思，理解句子的本质含义。《白杨》一课中末尾一句是“突然，他（指爸爸）的嘴角又浮起一线微笑，那是因为他看见火车前进方向的右面，在一棵高大的白杨树身边，几棵小树正迎着风沙成长起来”。这句话表面是指大白杨树身边又长出了小树，说明白杨树会扎根大戈壁。透过表面写树看人，实指爸爸身边的孩子，即将继承爸爸建设边疆的事业，像父辈一样扎根边疆、建设边疆。教给学生由表及里理解句子含义的方法，就能达到让学生真正理解句子、体会文章表达的感情的目的。

三、反复朗读法

有些句子的含义，通过反复朗读，就能从朗读中逐步体会到句子的含义。《穷人》一文中“他搔搔后脑勺儿说，‘嗯，你看怎么办？得把他们抱来，同死人待在一起怎么行！哦，我们，我们总能熬过去的！快去！别等他们醒来’”。教学中，可以引导学生分为三种朗读语调来读：“缓慢的商量语气—平稳的劝导语气—节奏稍快的命令语气”。反复朗读几次后，句中包含的渔夫对西蒙一家的真诚关心的含义就不难理解了。

四、分层理解法

有些句子的意思包含有几个层次，若能将句子采用“层层剥笋”、分步理解，学生就能基本理清句子的含义了。《落花生》一课的“文眼”是“人要做有用的人”。教给学生分层理解法，颇有价值。先理解什么是“体面”；然后理解什么叫“讲体面”；接着理解“人要不要讲体面”；再接着理解“只讲体面没有实用行不行”，最后理解“不是只讲体面，而对社会有用的人”。采用分层理解，学生就能水到渠成地领会了“要做什么样的人”“不要做什么样的人”的真正含义。

五、联系背景法

有些作品创作的年代与学生生活年代相隔较远，要想真正通过重点句的理解来体会文章的思想感情，有必要引导学生掌握“联系背景法”。《卖火柴的小女孩》一文中“她们俩在光明和快乐中飞走了，越飞越高，飞到那没有寒冷，没有饥饿，也没有痛苦的地方去了”。对这个句子的理解，首先应当引导学生了解19世纪丹麦的社会现状：处于资本主义制度管理下，社会贫富悬殊，人与人之间冷酷无情。然后引导学生理解：小女孩飞到美好的地方，实际上只是幻象。要想使幻想成真，只有推翻那个人剥削人的社会制度。

六、进入情境法

有些句子看似难懂，若教师能引导学生进入作者所创设的情境，对句子含义的理解也就不会产生歧义了。《草原》一文的点睛句是“蒙汉情深何忍别，天涯碧草话斜阳”。教师可引导学生走进想象场景，进入情境：“一碧千里的草原，傍晚时西斜的太阳，蒙古族主人、汉族客人，依依惜别，情深意真。”在进入情境以后，学生能够从自己想象的情境中领悟到句子的含义：“蒙汉两族人民情意很深，不忍心马上分别。大家站在蒙古包外，望着宽广的草原，在夕阳下互诉惜别情。”

纵观人教版小学高年级语文教材中的重点句子，基本上不外乎这几种理解方法。具体运用时可以综合使用，达到相辅相成之功效。若教师自身能融会贯通运用这几种方法，又能将方法传授给学生，其教学效果是显而易见的。更重要的还是“授学生以渔”，对他们日后的阅读大有裨益。[①]

① 本文获省级论文评比一等奖。标题名称有改动。

培养学生创新思维与能力的五种方法

创新教育是以培养人的创新思维和创新能力为基本价值取向的教育。美国哈佛大学校长普西说："一个人是否具有创造力是一流人才和三流人才的分水岭。"在大力倡导素质教育的今天，这一素质教育的核心——创新教育无疑必须提升到一定高度。课堂是实施素质教育的主渠道。语文课程标准"总目标"第四点如是说："在发展语言能力的同时，发展思维能力，激发想象力和创造潜能。"如何借助语文课堂教学主渠道，以文本为基点，在教学过程中培养学生的创新思维、创新能力，是每一个教师应该探讨的问题。

笔者在小学语文教学中，善于充分挖掘课文中的创造性因素，培养学生的创新思维，进而培养其创造能力。现将教学中尝试的几种方法做一浅析。

一、寻求捷径法

小学语文教材中有数篇历史题材的课文，讲述的是我国古代、近代优秀人物善于思考问题、解决问题的故事。其中所赞美的人物展示的聪明才智，有其时代的局限性，若让现在的少年儿童也仅仅满足于古人解决问题的办法，显然不能开发其智力。因此，可以结合此类课文的教学，培养学生的创新思维。人教版小学语文第四册《称象》一文的教学难点是“曹冲称象的办法分几个步骤，这样称象的原理是什么”。笔者在突破这个教学难点时，采取了让学生上台演示称象的步骤，并口述称象过程的教法。然后抓住契机向学生发问：“小朋友有比这种方法更好的称象办法吗?”让学生分小组讨论，然后指名学生向全班同学说。学生的思维比较活跃。有的说可以在船里放一些水桶，人坐在船上到河里舀水，一直舀到船沉到画线的地方为止，然后称装有水的水桶的重量。这种方法可以省去从岸上往船里装石头的力气。也有的说可以让人走上船代替石头，重量不够的再用石头或其他小物件代替，这样更简便一些。学生的回答足以证明，儿童创新思维的潜力是很大的。

依此方法，教学第七册《捞铁牛》及第十二册《詹天佑》等课文时，可围绕教材中“怀丙和尚打捞铁牛”，詹天佑“凿井”“设计‘人’字形线路”所采用的方法展开讨论，引导学生通过创造性思维寻求捷径，更好、更快地解决问题，提高办事效率。以期达到培养学生创新思维的目的。

二、想象取名法

小学语文教材中蕴含的可创新因素是随处可见的。教师在教学中应善于捕捉和挖掘，以点燃学生心灵的创新火花。《黄山奇石》是第四册的一篇看图学文。作者根据石头的形状，展开丰富的想象，给石头取了“仙桃石”“猴子观海”“仙人指路”等有趣而恰当的名字。在教学中，笔者抓住课文最后一节中的省略号，让学生思考：“黄山奇石还有别的形状吗?”学生从省略号里领略到了还有很多别的石头。然后教师出示多媒体课件，让学生看着图片展开丰富的想象，给还没有名字的石头取名字。学生通过思考，取出了“皇后骑马”“八戒睡觉”等新颖而奇特的名字。通过想象取名，无形之中也培养了低年级儿童的创新思维。

教学第九册《卢沟桥的狮子》及第十一册《镜泊湖奇观》等课文时，也可运用“想象取名法”启迪学生展开丰富想象，培养其求异思维能力。

三、设计新品法

普及科学知识，提倡科学思想和科学方法，弘扬科学精神，是创新教育的需要。小学语文教材中，有十来篇科普课文，挖掘科普课文中的可创造性因素，培养学生求异思维的冲动和能力，不失为语文课堂教学培养学生创新能力的一条有效途径。《新型玻璃》是第七册的一篇科普课文。课文在介绍了“夹丝网防盗玻璃”等五种新型玻璃的特点和用途以后，在文章末尾写道：“在新型玻璃的研制中，人们将会创造出更多的奇迹。”笔者借机问学生，假如你是科学家，你能结合现实中工作、生活、学习的需要，设计出怎样的新型玻璃？学生通过思考，踊跃发言，有的说可以设计出“可做墙壁的玻璃”，建造玻璃房，有的说可以设计出可以防止交通事故发生的“特型安全玻璃”，也有的说可以设计出轻巧的“玻璃课桌椅”。学生所设想的新型物品用途广泛，充分体现了其创造思维。

诸如此类的科普课文像第八册的《电脑“管家”》及第十册的《太阳》等均可挖掘教材中的可创造性因素，拨响学生内心的创新之弦，让其设想出更多更好的新型物品。

四、注意联系法

从课文的思想内容中注意事物的联系，开阔视野，增强学生保护自然、保护环境的意识，将学课文与美化生存环境联系起来，这种教法对学生求异思维的培养也是颇有益的。第十册的《蛇与庄稼》一文讲的是事物之间的联系。学生理解课文内容后，知道万物之间都是有联系的。作者秦牧在课文中谈道：“事物之间的联系是非常复杂的，咱们必须不怕麻烦，研究它们，掌握它们的规律。这样才能把事儿做得更合咱们的意愿。”结合教材的这一内容，给学生出了这样一道创新型作业：根据你的生活经验，结合事物之间的联系，适当进行实地考察，找出生活环境与人们生活质量的联系，写一篇环保小论文。学生通过做调查、找资料，有的发出了“白色污染何时绝”的感慨，有的则谈了“如何减少城市噪声”的看法。从学生的字里行间，已可窥见其创新思维的功力。

第九册《黄河是怎样变化的》、第十册《只有一个地球》等课文的教学，均可适时对学生进行相关创新思维的培养。

五、增添功能法

当今世界科学技术突飞猛进，虽然现有的许多物品都有其先进性，但也有可创新的可能和必要。进行写物品的说话、作文教学时，若能引导学生尝试给物品增添功能，使物品更完美、更先进，不仅能极大调动学生学习的积极性，也培养了学生的创新思维。第五册“基础训练3 说话”练习的要求是观察一个小物体说一段话，要按一定的顺序观察，抓住小物件的特点，说出它的“形状、颜色、用途等，可以适当展开想象”。在教学时，让学生在说出物件形状、颜色、用途的基础上进一步启发：“要是你来改造小物件，还想给它增添什么功能?”学生创新思维的能力令人惊讶：有的说可以在文具盒上设计一个时钟，可以提醒同学们别浪费时间；有的说可以在黑板刷上装上微型电脑，当老师不在教室时可以监视同学们的行动。随着科技发达，孩子们的这些设想是不难成为现实的。

进行第五册第七次作文训练、第十二册第二次作文训练时，也可仿效上法，对学生进行创新教育。至于要求学生写未来的物品等想象类文章，更是给了学生一个想象、创新的空间，任其创新思维去驰骋了。

大教育家苏霍姆林斯基说：“你要培养学生的创造性吗？必须要有创造性的教师。”《语文课程标准》明确提出“发展思维能力、激发想象力和创造潜能”，广大小学语文教师就必须在教学实践中“深思”并“力行”。教师本人要做创新型教师，然后去发现、重视并有目的、有计划地开发学生的创新能力。笔者是一位创新教育的探索者，通过教学实践，认为结合教材中蕴含的创造性因素，培养学生的创新思维，进而激发学生的创造力，对学生的健康成长必然有益。①

① 本文获省级论文评比二等奖。标题名称有改动。

运用多媒体教学，强化学生的情感体验

——兼谈小学高年级语文阅读教学设计

情感是什么?《现代汉语词典》里如此阐述:“对外界刺激肯定或否定的心理反应，如喜欢、愤怒、悲伤、恐惧、爱慕、厌恶等”。《语文课程标准》在“总目标”里谈道，要“培植”学生“热爱祖国语言文字的情感”，让学生“具有独立阅读的能力，注重情感体验，有较丰富的积累，形成良好的语感……丰富自己的精神世界”。北京师范大学中文系资深教授童庆炳在谈到“审美教育”时，也如是说:“更深层次的美育是通过语文教学，培养学生敏锐的感知力、丰富的情感力、独特的想象力和深刻的理解力。这四者构成一个人的基本素质。而我们现在的学生在这四个方面都很不够，这样的人必然是缺乏创造力的。”语文教学一个显著的特征就是具有强烈的情感性，著名特级教师于漪说，情是语文教育的根。可见，强化学生的情感体验，进而培养学生丰富的情感力，是语文教学的一个重点。由于儿童思想认识不深刻，生活阅历浅，情感体验少，无疑，强化学生的情感体验，培养学生丰富的情感力，又是语文教学的一个难点。

日常语文教学中，让学生反复诵读，通过语言实践活动来引导学生体验情感，不失为一种行之有效的训练方法。但随着现代教育技术的普遍运用，借助多媒体再现课文所描写的情景，或渲染烘托课文情景，使学生如闻其声、如见其人、如临其境，让他们在兴趣盎然、轻松愉快、动情感人的氛围中学习语文，受到感染，对于强化他们的情感体验，进而培养其丰富的情感力，也确实具有独特的作用。

现将现将笔者从事小学高年级语文教学实践的点滴体会叙述如下。

一、借助多媒体，强化学生对悲伤、怜爱情感的体验

小学高年级语文教材里，有许多文章表现的是一种哀婉、悲切之情。生活在21世纪的儿童可谓是“蜜罐”里泡大的孩子，他们很难体验到悲伤之情感，也不能轻易产生同情之心。如何让他们与作者、教者感情产生共鸣呢？多媒体的运用，可以架设好师生之间、教材与学生之间的桥梁。《十里长街送总理》一文，旨在教育学生热爱周总理，进而对周总理产生崇敬之情。笔者曾尝试用分析背景法激发学生情感，实践证明是失败的。再次教学时，教学伊始，播放低沉哀婉的《哀乐》曲调，然后配以教师动情语言的朗诵，相继出示相关背景课件，借助音乐、画面，创设了悲伤的氛围，为学习全文定下了感情基调，一下子调动了学生的情感因素。能让学生同当时亿万首都人民一样产生对周总理深深怀念和敬爱之情感。学生朗读时低沉的声调，充沛的情感，使教师也深受感染。当师生泪眼婆娑地发出“周总理，您永远和我们在一起”的动情声音时，强化孩子们情感体验之教学目标已完全实现了。

综观小学高年级语文教材，培养学生对弱者同情怜爱之情感的教材也不少。教学《卖火柴的小女孩》时，伴有低沉忧伤的《女儿情》吉他曲；教学《凡卡》时，运用悲曲《哭砂》伴奏，与凡卡挨打挨饿的惨景，想回乡下跟唯一的亲人爷爷生活在一起，只是一个永远实现不了的梦的失望之情十分协调。总之，采用音乐渲染法，能很好地再现出弱者的可悲可怜，激发起学生对弱者的怜爱、同情之感。毋庸置疑，学生在此基础上产生的情感是真挚的，毫无虚伪做作之感。

二、借助多媒体，帮助学生体验愤怒、憎恶之情感

对学生进行爱憎教育，从小立志做正直的人，也是小学语文思想教育的内容之一。《语文课程标准》“总目标”第一条就谈道：“培养爱国主义、社会主义道德品质，逐步形成积极的人生态度和正确的价格观……”

通过《圆明园的毁灭》一文的教学，让小学生了解我国近代一段受屈辱的历史，受到“不忘国耻”“落后就要挨打”之教育，体验到对英法联军无耻罪行愤怒、憎恶之情，教学主要目的也算达到了。教学时，引导学生观看录像，对升华学生的感情有事半功倍之功效。先让学生欣赏圆明园毁灭前的金碧辉煌与诗情画意有机结合之美，再让学生观看圆明园被毁后的断壁残垣之惨状。再现的真实而又生动的画面，不由人不义愤填膺，能使学生油然而生出对英法联军无耻侵略、卑鄙毁灭行为之深深憎恨之情。教师再在此基础上相机点拨，教育学生不忘国耻，发愤学习。那情那景，师生受到教育完全是真真切切的。《伏尔加河上的纤夫》《奴隶英雄》等课文的教学，借助多媒体课件，再现有关场面，继而对学生进行教育，对强化学生的情感体验均是大有裨益的。

三、借助多媒体，让学生体验到欢乐、喜爱之情

小学语文教材里，虽然不乏低沉情调之作，但更多的还是欢乐明快基调的作品。对幸福一代儿童的情感引导，也应以欢乐、喜爱之情为主，以陶冶儿童的乐观向上的人生态度。借助多媒体的渲染，是完全能达到激发儿童欢乐、喜爱之情感的。

《草原》一文第1自然段关于草原美景的描写，可谓大作家老舍的绝妙之笔。利用放录像，展现草原场面——“一碧千里，并不茫茫；平地小丘，绿满目光；羊群似花，点缀绿海”，学生边看录像边听轻缓悠扬的草原牧笛声音乐。在直观感受的基础上再轻声诵读，学生能真切地体会到草原之美。为后面的蒙古族人民热情好客行为美、民族团结情感美做好了情感铺垫。一堂课下来，教者轻松快活，学者欢乐满怀，情感体验

可谓深入人心。《可爱的草塘》《桂林山水》《海上日出》等美文的教学，均可运用音乐、录像等多媒体教学手段，再现画面创设情境，让学生感受祖国山河之美，体验欢乐、喜爱之情，陶冶美的情操，实现新课标所提的“丰富精神世界”“注重情感体验”之目标。

运用多媒体教学的目的是为了实现语文教学过程的最优化，以取得最佳教学效果。强化学生的情感体验是新课标提出的要求，也是语文教学的重点难点之一。恰当地运用多媒体进行教学，会使课堂呈现出立体化发展的态势，大大激发学生的兴趣，使其内心产生高涨情绪，受到感染，受到教育，丰富情感，最终成为童教授所说的“基本素质”高的新人。①

① 本文获省级论文评比二等奖。

基于阅读教学，培养学生的语文素养

素养是知识、能力和态度的综合体现。《中国学生发展核心素养》里阐述："学生发展核心素养，主要是指学生应具备的，能够适应终身发展和社会发展需要的必备品格和关键能力。"

将核心素养分解为学科素养，依托课堂教学进行培育，是促使学生发展核心素养的重要途径。《语文课程标准》强调，"语文课程应致力于学生语文素养的形成与发展。语文素养是学生学好其他课程的基础，也是学生全面发展和终身发展的基础。"基于小学语文学科、基于阅读教学，笔者认为，学生的"读、思、说、悟"能力，不失为能够适应其终身发展的关键能力。

综观众多小学语文阅读教学课堂，其现状可归纳为"三多三少"，即教师讲得多，学生读得少；学生抄记多，思考表达少；知识灌输多，切身体验少。课堂上，教师对文本的零碎讲解、分析、提问占用了大量的时间。教师们往往担心讲得不深不透，字、词、句、段、篇面面俱到，学生忙于抄笔记。小至生字字意，大至段落大意、中心思想、写作特点，必抄无疑，丝毫不敢错过。一节课下来，学生在书上画画记记，在笔记本上抄抄写写，动笔绰绰有余，用脑却远远不够，过于机械地听、抄、记，削弱了学生的阅读实践，压抑了学生的自悟自得、自我思考、探究；

扼杀了学生的创新意识，影响了学生的自主发展。这样的语文教育无法培植学生对母语的热爱，无法形成学生终身发展的核心素养。

语文课堂教学是培育学生语文素养的主阵地。依据小学语文课程标准，遵循语文教学规律，结合本人从事小学语文教学的体验，笔者认为，在进行小学语文阅读教学时，应充分突出教学过程的“四注重”，保证学生语文核心素养“落地”。

一、注重阅读训练，培养语文学科素养

离开阅读，语文核心素养的培养无从谈起。语文教学的“根”是读，语文课必须多读。小学《语文课程标准》强调，小学各年级的阅读教学都要重视朗读；中高年级要重视默读。阅读教学实践中，每个语文老师都应该树立“以读为本”的思想，确保阅读训练落到实处。

“书应该是学生读懂的，而不应该是教师讲懂的。”语文课堂上，教师应当彻底摒弃“一讲到底”的做法，把读书的权利还给学生。从读书时间量的规定来说，杭州、宁波等地曾出台的一个小学语文课堂教学操作性意见里谈道，“为了使学生的语文素养得到提高，每位学生每节课读书时间总量不少于 10 分钟”，用具体的时间量化，以保证学生读书的时间。从读书的方式来说，可以根据不同的教学目的，根据课文的不同体裁与文本风格设计不同形式的读，如齐读、引读、教师范读、分角色读、个别读、小声自由地朗读、默读等等。让学生在读中理解，读中感悟，读中明理。读书形式多样，以激发学生读的兴趣。从抓住读的时机来说，可以在激趣以后读；激情以后读；解惑以前读；顿悟以后读；准确把握读书契机，以提高读的效果。语文课堂离不开读书，语文教师要善于引导学生多读、爱读、会读，真正达到读好书，学好语文，积淀书香味，形成语文素养，成为完善的人。

二、注重启迪思考，培养语文学科素养

小学《语文课程标准》总目标里谈道：“在发展语言能力的同时，发展思维能力，激发想象力和创造潜能。”语文阅读教学必须培养学生独

立思考、勇于探索的精神，让学生形成善理解、会质疑、有创意的思维品质。小语界老四大名旦之一袁瑢老师“活跃学生思考，调动学生思维的教学风格”为小学语文教师做出了典范。

语文阅读教学课堂上，一是要树立以学生为主体的思想，教师要相信儿童思维的能力，并通过启发诱导，充分挖掘儿童内在的潜力。许多语文教师讲课时总担心学生不行，这是对儿童不了解不尊重的体现。事实上，只要教师认真钻研教材，认真研究儿童，在课堂上充分发挥教学民主，尊重学生，善于启迪学生，儿童的思维是完全能够激活的。优秀语文教师上的课，由于老师循循善诱，学生的思维火花四溅，回答妙语连珠，令听课者拍手叫好，便是佐证。因此，每一堂语文课，教师基于学生已有认知水平，围绕教学内容设计的语文思考题，学生通过自主思维，是完全能够回答的。即使学生的回答达不到教师的期望值，离所谓的标准答案有一定的距离，其站在童年的视角发表的观点也是极其可贵的。教师不能一味越俎代庖，剥夺学生思考的权利，扼杀了学生的思想的萌芽。

二是要给学生思考问题的时间。现实课堂教学中，往往存在这种现象，教师一提问，急于让学生回答，不给学生考虑问题的时间。思维是智力的核心，是一种理性认识过程，难度较大，没有充足的时间，就无法保证学生思维结论的正确性，教师若能引导学生沉潜下去，静心思考，必然能引发出儿童的真知灼见。

三是教给学生一定的思维方法。诸如围绕重点去思考，而不是面面俱到；学会从正、反两方面思考；尝试进行集中、分散思维，以此培植学生思维的准确性、深刻性。

四是善于调动学生思维的积极性，教育学生“脑越用越灵活”“我思，故我在”。可以采用激趣法、竞赛法、头脑风暴法等方法激励学生爱思考，并在长期教学中让学生养成爱思考的好习惯。语文课堂教学中，只有让学生思考了，激发了学生的内聚力，才能让学生真正理解语言文字，读懂教材，最终使学生得心应手地运用语言文字，获得认识上的收获，发展语文学科素养。

三、注重交流表达，培养语文学科素养

笔者从教学实践中深刻体会到，会表达是学生语文核心素养的重点也是难点。语文阅读教学必须培养学生表达交流的能力。小学《语文课程标准》在第三学段关于阅读教学的阐述里如此要求学生“在交流和讨论中，敢于提出自己的看法，作出自己的判断”。

叶圣陶先生早在40年代就讲过这样的话：“上课做什么呢？在学生是报告讨论，不再是一味听讲；教师是指导和订正，不再是一味讲解……在这样的场合里，教师犹如一个讨论会的主席……”课堂上，围绕教材内容，基于真实的情境，应当让学生通过认真思考，相互交流、探讨、升华、总结，以求得认识的深化。教师总担心学生对重点知识掌握不好，自己就反复讲解；难点处，怀疑学生理解不了，自己不畏“唇干舌燥”，和盘托出。出现了“教师讲得多，学生思考、讨论少”的不良现象。课堂上的重点、难点知识，为了让学生真正理解、掌握，教师应尽可能地管好自己的嘴，将语言总量力求控制在30%以内；撬开学生的口，让学生的语言量超过70%，最大限度地“把成功的机会留给学生”。初读课文，引导学生对课文内容进行概述。对文章主要内容的概述，能培养学生抓住要点进行表达的能力。品读课文，引导学生抓住重点词句，去分析，去讨论，去解释，去争辩，去评议，充分发表自己的见解，扩大信息交流和思维容量，能让学生的表达能力得到极大的锻炼。精读课文，引导学生基于文本，联系生活及认识实际，进行角色体验、展开联想、富有创意地表达，必能在发展学生思维的同时发展学生的语言。课堂上，教师要善于倾听，从学生的表达交流中捕捉信息，发现问题，进行有针对性的指导和点拨，让学生于困惑时豁然开朗，获得启迪。

课堂上真正把“话语权”交给学生，学生的表达能力自然在表达的实践过程中得到锻炼和提高。学生深入思考了，纷纷议论了，他们敢说、有说、会说了，语文素养的发展自然得到了最好的落实。

四、注重体验感悟，培养语文学科素养

英国教育理论家怀特海坚持认为教育有这样一条原则：“在教学中，

你一旦忘记了你的学生有躯体，那么你将遭到失败。”小学《语文课程标准》里谈到“语文是实践性很强的课程”“在语文课堂教学中必须尊重学生在学习过程中的独特体验。”指向核心素养发展的语文学习必须要注重引导学生在亲历中体验，在实践中感悟。通过体验和感悟，获得认知和情感的认同。何谓体验？北师大教授于丹说，所谓体验，就是以身体之、以血验之，是一种非常深刻的浸润。

教学实践证明，亲身体验才能使人感到真实、切实，才能打动人、触动人、感动人、教育人。这种深刻的浸润将会使学生产生刻骨铭心的记忆。

语文教学中的体验感悟，需要学生身心的主动参与。学生只有身临其境，才能获得真切的感受。语文课堂上，教师可以根据不同的教学内容，根据学生的年龄特点，利用多媒体课件，发挥教师的语言作用，创设种种情境，激发学生的情感体验。可以通过各种活动，优化情感体验平台，引导情感体验：根据教材内容，可以适当采用表演、游戏、辩论、绘画、音乐等方式让学生参与活动，拓展阅读体验的渠道，让学生在开口说唱、动手写画、参与表演、亲自做做等活动中，真正走进文本，感受文本，与文本对话，与角色交融。可以联系学生的生活和思想认识实际，引导深度体验：引导学生真正进入角色，让“我”走进文本，把“心”放进去，把“情”融进去，通过自身亲自感受，真正拨动自己的情感之弦，深刻体验作者的情感，深入领悟作品的内涵，把学语文与自己的人生体验有机结合起来，在语文学习中丰富内心世界，提升人生境界，厚植人文底蕴、完善人格，更好地理解生活、热爱人生。

学生的语文素养是学出来的，是实践中修炼出来的，不是老师讲出来的。课堂上，教师时刻激发学生的学习热情，有效引导学生阅读，善于激活学生的思维，鼓励学生大胆表达交流，调动学生各种感觉参与语文活动，亲自体验，主动学习，主动发展，必然能让学生在学习中丰富起来、成长起来，成为具有良好素养的人。①

---

① 本文发表于2017年4月《湖南教育》杂志。

如何提高农村儿童习作水平

美国教育心理学家林格伦说："会写，这是作为文明社会一员的最本质的成分。"写作能力是现代人必备的素质。习作教学是小学基础教育的重要课程，面向儿童的习作教学要符合儿童生命的本色。农村小学语文教师要站在提升农村孩子核心素养之人文底蕴、促进儿童生命成长的高度，来对待习作教学。

笔者从事了10多年农村小学语文教学；担任10年校长，兼教作文时长8年。到县教研室工作以后，下校听课、调研，经常接触农村小学语文教师，目睹了许多农村小学语文教师的作文教学失掉了科学性、系统性、趣味性，陷入了盲目性、随意性，导致了学生害怕作文、厌倦写作的心理，学生习作热情低、写作速度慢、写作能力差的现象比较严重。要使学生有话可说，会写作文，爱写作文，写好作文，提高写作能力，形成可持续的写作兴趣、写作意识、良好的写作习惯和科学的思维方式，在作文的过程中提升人文素养，教师必须要善于引导。现将笔者如何提高农村儿童习作水平的点滴体会做一浅析。

一、激发兴趣是使学生步入写作殿堂的第一级台阶

美国教育学者帕克·帕尔默说："好的教学是对学生的一种亲切款待。"适合的写作情境能让儿童写作兴趣盎然、入情入境、情动辞发。教

师应当善于激发学生的习作兴趣。每接手一个新班的学生，笔者前几次作文课总是精心创设种种情境，将习作课设计得有滋有味。如用故事《七步诗救了一条命》来教育学生懂得作文的重要性；借助优秀作品引导学生享受语言的美妙性；用愉快作文“七字经”创设作文课的趣味性；用中外大作家痴迷于写作、取得了大成就的事例让学生懂得写好作文的实用性。之后的每次习作指导课，都会围绕教材中的习作要求，基于学生认知实际，抓住学生生活与习作的结合点，巧妙设计，力求将每节习作课设计成“师生精神享受课”，让学生们欢欢喜喜、轻轻松松地写作文。如《老师想和我交朋友》，引导学生认识自我，了解自己是一个什么样的人；《提起那事，我就……》，引导学生写好亲身经历的某件事；《采访奥运火炬手》，引导学生体验当小记者的乐趣（笔者系奥运火炬手）。兴趣之门打开了，孩子们就能在习作过程中体验到快乐。最初孩子们一听说上作文课，全班是一片叹息声：“咳……”经过一段时间的引导，一到作文课，全班学生发出的是“耶”的欢呼声，一改过去那种厌作的不良心态。研而不教则浮，为了进行有根基的教研，从今年9月开始，笔者定期下校给农村孩子上习作课。三个月后，学校对孩子们做了“作文课兴趣度”调查，参与调查人数为48人，喜欢笔者上作文课的有47人，高达97.91%，足见孩子们对笔者的作文课的认可与喜欢程度，学生的写作热情得以维系。

二、丰富生活是学生获取习作素材的源泉

叶圣陶先生指出：“文章必须从真实的生活里产生，把真实生活所不曾经验过的事物勉强拉到笔底下来，那必然会失败。有了充实的生活才会有好文章。”作文教学实践证明，开展多种形式的课内外、校内外活动，让学生以自我为中心，以学校、家庭、社会、大自然的活动为铺设，在校内外广泛涉猎，走进生活，生动地参与生活、创造生活、享受生活，孩子就能写出有真情实感的作文。为了让学生写好农村常见植物“野菊花”，笔者带领学生上山采花，在班级小花圃栽花，利用课余时间观察花，师生讨论花的形状、颜色、品质，最后再写花。有了采花、栽花、

观花、议花的生活积累，一篇篇写“野菊花”的优秀文章跃然纸上。有的学生写道：“野菊花，外表朴素，却有顽强的生命力，长期扎根于乡村，不正像乡村教师吗?”让笔者很惊讶，如此深刻的话语竟然出自于稚嫩的农家娃娃之手。

教育家赞可夫说：“如果学校脱离了生活，它能给人以什么样的教育呢？那样的教学不可避免地要走上死读书的道路。”农村是个广阔的天地，有农村孩子取之不尽用之不竭的生活素材。教师引导家长节假日带领孩子爬山、赶集、参加农业劳动，然后教师再随机指导孩子记录亲身经历，表达真实感受。长期如此，农村学生就不会为“无米之炊”而发愁了，教育者给学生的自然是鲜活的教育、丰富的人生了。

三、读书积累是提高学生习作水平的捷径

唐代大诗人杜甫言“读书破万卷，下笔如有神”；法国思想家布韦则说“读书不做记号等于不读书”。要想让学生文思泉涌，词汇丰富，素材充足，除了让学生深入生活之外，还要引导学生多读书，读好书，学会积累语言文字材料。笔者担任语文教师，所教班级的学生，每人必备一个“聚宝本”，好词佳句，精美片段，生活俚语，特别事件，都要随时记录。担任 10 年校长，一直坚持每学期给全校三年级以上的学生人人发放一本《知识积累本》，提出的口号是“每天必读，每读必记，日积月累，丰富知识”，此举坚持了整整 18 个学期，让孩子们将读书积累成为了习惯，真正达到“一天不读心慌”的效果。在引导学生积累的基础上，适当时候，再要求学生熟记、背诵、演说一些摘抄的内容，口述一些生活见闻，自己尝试创造性地写一些精彩语句，学校定期举行各类读书竞赛活动，给学生搭建展示文学才华的舞台。学生习作时，又善于引导学生围绕习作主题，根据个人语言风格，学以致用，灵活运用。日积月累，学生头脑里的“源头活水”多了，语言表达能力自然增强，习作内容也就丰富了，更重要的是激发了学生读书的热情，培养了学生“腹有诗书气自华”的品位，让学生终身受益。

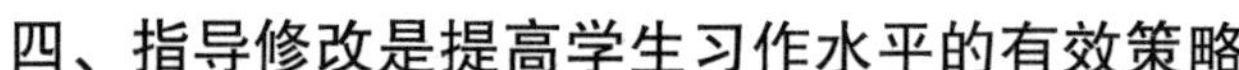

四、指导修改是提高学生习作水平的有效策略

“善作不如善改”“文章不厌百回改，千锤百炼始出金”，这是古人的写作经验之谈。指导学生不厌其烦地修改，对学生写作水平的提高是大有裨益的。笔者尝试的修改教学是这样安排的：明确修改的角度：思想内容方面的修改；文章结构方面的修改，语言文字方面的修改。有序安排修改的步骤：第一步是习作者本人轻声诵读原稿，发现问题及时改正，谓之“自我诊断”；第二步是同学互改，谓之“借力发力”；第三步是教师修改（必须做好详细的阅卷记录），谓之“师傅指路”；第四步是学生本人再改，谓之“锦上添花”。训练学生自改、互改作文，引导儿童去发现、去思考、去取舍，一则培养了他们发现问题、改正错误的能力；二则也减轻了教师的阅卷负担；更重要的是使学生通过修改，不断发现自己习作中出现的问题，在以后的习作中引起重视不断完善。长此以往，学生升华文章主题、驾驭文章结构、遣词造句、认识世界、辨别美丑的各项能力必然有所提升，习作水平自然也就慢慢提高了。

五、教师夯实学养是引导学生提高习作质量的保证

苏霍姆林斯基说：“只有当每个少年从教育者那儿得到‘活水’，他们的才能才干才能发挥出来。”霍懋征老师生前也一直强调，教师要教好学生，自己不仅要有“一桶水”，而且要变成“长流水”。作为一名语文教师，笔者坚持做到“四多”：多读，读文学作品，读文学理论；多积累，积累书本知识，积累生活素材；多记，记书中所得，记生活所得，记他人精彩发言；多写，写日记，写随笔，写下水文，写教学后记，写教学论文。从教以来，本人记下了近百万字的读书笔记；写了50多万字的随笔、论文，10多篇在国省级刊物公开发表；本人写的教师下水文《师爱》获得了全国一等奖。通过读、积、记、写，教师本人的语文学养不断丰厚，散发出了浓浓的“语文味”，教育学生习作时就能高屋建瓴、得心应手了。

实践证明，倘若教师本人有较高的文学素养，较强的写作能力，又

能从上述几方面去相机引导学生，农村孩子也会是“可雕的朽木”，不仅能逐步写好文章，更重要的是通过习作教学，调动了儿童面对生活的积极性、主动性、创造性、让农村孩子在成长中的生命潜能得到开发，不断主动地认识生活、认识世界，追求真、善、美的人生。笔者有20多位学生的习作刊登于国省市级刊物，两位学生作品获过全国大奖，就是农村孩子习作水平得到认可的最好佐证；所教学生普遍乐观开朗、真诚善良、好学善思，人文底蕴深厚，更是作文塑造人格的最好诠释。[①]

① 本文发表在《教育教学研究杂志》2017年第2期。标题名称有改动，内容有删改。

以“人文关怀”培养学生的“人文情怀”

——作文教学中培养学生核心素养的实践体验

学生发展核心素养，主要是指学生应具备的，能够适应终身发展和社会发展需要的必备品格和关键能力。

“中国学生发展核心素养”共分为文化基础、自主发展、社会参与三个方面，综合表现为人文底蕴、科学精神、学会学习、健康生活、责任担当、实践创新六大素养。人文底蕴的三要素之一是人文情怀。人文，指强调以人为主体、尊重人的价值、关心人的利益的思想观念；情怀，指含有某种感情的心境。《中国学生发展核心素养》里将“人文情怀的重点”阐释为：具有以人为本的意识，尊重、维护人的尊严和价值；能关切人的生存、发展和幸福。

如何在小学作文课堂教学中培养学生的人文情怀，笔者认为，既要体现在写作知识和写作方法的传授之中，体现在学生的习作实践之中，更要体现在作文课堂上师生心心相印的交往之中。课堂中教师真诚关爱学生，发乎于心地尊重学生，以包容之心对待学生，满足学生的内心需求，抚慰学生受伤的灵魂，必然能培养出富有爱心，懂得尊重与包容，知恩图报，热爱学习，具有人文情怀的儿童。笔者在作文课堂教学中注重以自己浓浓的人文关怀培养学生的人文情怀，达到了一定的效果。

（1）尊重学生，让学生感受教师的亲切与关爱，体现教师的人文关怀，培养学生的人文情怀。

爱默生说，教育的秘密在于尊重学生。课堂教学中，教师会面临各种不同情况发生，面对学生的各种表现，尤其是不尽如人意的表现，必须践行人文关怀，充分表达教师的尊重和关爱，才能让学生减轻心理压力，才能引领学生健康快乐地成长。

开学初，在“自我介绍”作文课上，一个叫礼的孩子被我随机抽到讲台上做自我介绍。这是一个非常胆小、说话有点结巴的孩子。他开始根本不敢开口，我迅速将教学目标定位为由让他“说好”调整为让他能“开口说”。在我再三鼓励下，他终于胆怯着开口了，但几乎言不由衷、词不成句，惹得同学们一阵阵哈哈大笑。孩子由于过于紧张，双腿都在发抖，我好一阵心痛。为了缓解礼的紧张情绪，我双手抚摸他的肩膀，轻声告诉他“孩子，别怕，有我在”。礼终于结巴着说了自己的基本情况。我对取笑他的同学说：“孩子们，每个人都会有出错的时候，一旦出错，如果被别人取笑，一定会很难受的，所以，在我的课堂上，允许出错，但是绝对不允许有嘲笑。”同学们似有所悟。

我的不经意的举动，却让孩子铭记于心。学期结束的时候，我布置孩子们自由写作一篇作文，可以写人、记事，也可以写想象作文。一向沉默寡言的礼同学的文章深深感动了我，文章题目叫《老师，您真好》。他写道：“我的讲话水平这么低，原以为老师一定会批评我，不可思议的是老师还把手搭在我的肩膀上，轻声地安慰我。我简直不敢相信这件事真的发生在我的身上。我走到座位上，激动得快哭了。老师，您亲切地称我为孩子，您真好！我会感激您，尊敬您，一直记住您。”

法国科学家笛卡儿说：“尊敬别人，才能让人尊敬。”尊重需要尊重来培养。教师内心尊重学生，用附耳细语的行为表达尊重，是一种教育的技巧，体现的是教育的平等思想。平等与尊重，必然迎来学生的感恩与真心尊重。在尊重情感熏陶下的学生，成人后自然懂得用尊重去对待他人。尊重，就是最高尚的人文情怀。

（2）包容学生，让学生从教师的博大胸怀和正确引导中获得认知，感受人文关怀，培养人文情怀。

著名教育家苏霍姆林斯基有句名言：“有时宽容引起的道德震动，比惩罚更强烈。”教育应该让孩子自由生长。这种生长，需要教育者具有平和的心境，博大的胸襟，智慧的魅力，它就是懂得包容。

为了改进作文教学，校方对学生做了一次“对老师的情感态度观”问卷调查。问卷包括三项内容：你对作文老师喜欢还是不喜欢；你喜欢或不喜欢老师的原因是什么；你最想对老师说什么。班级 48 个孩子，只有一个叫伟的同学回答不喜欢我。原因是老师每次进行作文指导后就要同学们写作，太强人所难；老师批阅同学们的作业轮流来，不能确保每个同学的每次作文都能批阅到。开学两周了，他的作文还没有批阅过，老师不公平。

我在班级宣布调查问卷结果的时候说：“感谢绝大部分同学对我的认可，班上 48 个同学，只有伟同学不喜欢我。”我原本只是陈述事实，没想到同学们的眼睛齐刷刷地朝伟看去，伟的脸一下子红了，深深地埋下头。我意识到我的感情天平明显地偏向了喜欢我的学生。伟此时一定很难堪很紧张。

我马上走到伟身边，面向全班同学说：“同学们，对不起，我没想到大家会如此在乎我的作文批改，我一定采纳伟同学的意见，从今以后，你们每个同学的每次习作我都亲自批阅。作文必须写真话、实话、心里话，伟同学真实地表达了对我的不喜欢，还写出了不喜欢的原因，我很感谢。不过作文课肯定是要练习写作的，好比游泳必须要下水一样，作文水平的提高必须靠写作实践，请每位同学克服怕写的心理。”我这么一说，伟同学显得平静多了。

伟后来在《我心目中的杨老师》一文里写道：“杨老师，你总是以和善的样子来对待大家。能在别人没有自信的情况下给予他关心和鼓励。老师，你是一位好老师。你是给予我智慧的好人，我永远喜欢你。祝你长命百岁。”

"宽容意味着尊重别人的任何信念。"爱因斯坦的名言给人启迪。学生的不良表现、逆耳言语，往往令教师心生厌烦甚至批评打击学生。若教师处理不当，免不了给学生带去伤害，挫伤其学习积极性，极有可能让学生对教师产生敌对情绪。教师能包容儿童的缺点，虚心接受学生的意见建议，尊重学生的价值判断，针对学生中存在的问题巧妙化解，智慧地引导，无疑是培养学生人文情怀的最好示范。

（3）满足学生的内心需求，保持孩子的兴趣点，激发孩子学习的积极性，培养学生的人文情怀。

心理学家威廉杰姆斯曾说过："人性最深层的需要就是渴望别人的赞赏，这是人类之所以区别于动物的地方。"每一位学生都希望被老师关注，任何学生都渴望教师的激励。因为个体差异，不同的学生有不同的心理，有的害怕接触老师，有的喜欢主动接近老师，还有的既害怕又希望接近老师。对于学生的内心世界，教师必须尽量多了解，然后满足他们的内心需求，体现教师的人文关怀，达到培养学生人文情怀之目的。

在学生问卷调查中，一个叫蕾的孩子写道："杨老师，我也喜欢写作文，可你总是念读红、娜几个同学的作文，从来没有读过我的作文，我好想让老师你认识我。"看到此问卷后，我认真阅读了蕾的习作，发现这个孩子的作文选材内容真实可信，只是语文功底比较欠缺。说实话，我确实不认识她。为了满足孩子的需求，激发孩子对作文的兴趣，我在作文讲评课上说："班上有个叫蕾的小才女，作文特别会选材，我早就想认识她了，只是因为她在课堂上不太主动举手答问，今天不妨请她来谈一谈作文选材的经验。"蕾马上站起来，非常自豪和开心地介绍了她如何选材的习作经验。此后的每次习作课她都会积极举手答问，对习作的兴趣也愈发浓厚，习作水平提高很快。她写的《我最爱的人》，以真挚的感情表达出对朴实无华、无私奉献的爷爷的感恩和爱戴，读来令人落泪，其人文情怀已初见端倪。

苏霍姆林斯基说："对于孩子来讲，最好的教师是在精神交往中忘记自己是教师而把自己的学生视为朋友、志同道合的那种教师。这样的教师连他学生内心最隐秘的角落也都很了解……"笔者以为，作为教师，唯有把学生的需求作为教育的出发点，把学生的发展作为教育的落脚点，真正以学生为本，对学生善于激励，唤醒，鼓舞，用学生所乐于接受的方式实施教育，才能达到最佳的教育教学效果。

（4）抚慰学生受伤害的心灵，给孩子以无私的关爱，培养学生的人文情怀。

“真正的教育就在于，要让孩子心里的冰块逐渐融化，让孩子的心自己发出热来。”苏霍姆林斯基说。班级学生的表现各不相同，有的阳光快乐，有的安静内敛，有的调皮顽劣。这其中有学生性格原因，也有经历差异原因。教师必须善于走进学生的心灵世界，真正了解学生，针对不同学生实施人文关怀，让学生在教师的人文关怀中，熏陶出自己的人文情怀。

班级一个叫汶的孩子每次习作都能围绕主题，用细节表达真情实感，我很喜欢他的文章。有一次，我在课堂上要他读自己的习作，可是他怎么都不愿意开口，我非常尴尬，心里气恼但也不好发作。下课后，有个叫璇的孩子告诉我说：“汶同学刚刚不久前失去了父亲，他心里有阴影，不想跟任何人说话。”我一听，很是震惊。思忖片刻后，我给汶写了一个小条子：“孩子，失去亲人，我们无可奈何。你虽然没有了父亲，这个世界上还有很多爱你的人。老师就是其中一个，希望你能快乐起来。”汶默默地看着我的条子，但什么也没说。

后来，汶在《我喜欢的人》一文中写道：“杨老师，您真是一位恩师，谢谢您。我知道您的这份情是我今生难以回报的。我长大了也想做个您这样的好老师。”读来让我温暖。

别林斯基说，爱应该是教育的工具，而教育的目的是人道。面对纯洁的孩子，教师必须像对待初开的花蕾一样细心呵护。教师施一份爱心到孩子身上，孩子身上就能长出几倍，甚至几十倍的爱心。被人文关怀所滋润的学生，其人文情怀必能于润物无声中生成。

人文情怀直接影响学生的人格修养，而品格是学生核心素养之核心。课堂是学生终身发展的起点。学生既要学好知识，更要从教师身上受到人格的影响。尊重学生，包容学生，满足学生心愿，抚慰学生心灵，让学生从中体验人性的温暖感受人生的幸福，是教师实施人文关怀的最好诠释。教师用人文关怀去善待学生，定能在潜移默化中培养学生的人文情怀。

文似做人最重情

——怎样引导学生写出真情实感

著名作家巴金认为，艺术的力量在于“说真话”，真实才是美。作文好比做人，最忌矫揉造作，贵在真诚实在。感情是作文的血肉，真实是作文的生命，情是语文教育的根，打动人的一定是真实的力量。笔者多年来一直在着力探讨“走进儿童心灵教作文之法”，旨在用教师高尚的人品，真挚的爱心，用科学先进的作文教学理念，用符合儿童认知规律的教学方法，引领教育儿童了解作文之内涵，掌握写作之要领，熟谙写作之法，让儿童真心喜欢写作，能写出富有儿童情趣的作文。

《语文课程标准》在“实施建议”里谈道：“写作教学应贴近学生实际，让学生易于动笔，乐于表达，应引导学生关注现实，热爱生活，积极向上，表达真情实感。要求学生说真话、实话、心里话，不说假话、空话、套话。”其中第三学段（五至六年级）阐述道：“能写简单的记实作文和想象作文，内容具体，感情真实。”综观上述标准，足见表达真情实感是学生写作的第一要务。

笔者从事小学高年级语文教学多年，担任校长后专门兼教作文。在教研岗位，仍定期给孩子们上作文课。多年作文教学实践证明，孩子们因为生活阅历不丰富，思想认识较浅薄，情感体验太少，文化底蕴不深厚等多方面原因，往往很难写出富有真情实感的文章。假、大、空、涩

（文字难读难懂，不流畅）是孩子作文的通病。近年来，在引导孩子们如何写出“真情实感”时，我做了如下尝试。

情动而辞发，欲写情必动情。我通过引导学生反复诵读感人肺腑的小诗，让孩子们先从富有真情实感的作品中体会真情的力量，再在被打动的基础上有所触动，写出自己内心的真情。

我这样导入：“同学们，在这个世界上，你最爱的人是谁呢？”80%以上的学生选择的对象是“爱妈妈”。孩子们都知道自己很爱妈妈。当我要求孩子们用感人的语言描述自己为什么爱妈妈、怎样爱妈妈时，结果几乎很少有人能打动我，因为学生很难抓住细节用朴实感人的语言来表达。

我给孩子们出示了《一碗油盐饭》这首小诗，并告诉孩子们，《一碗油盐饭》全诗仅仅52个字，在鄂东的一次讲座上，某位学者引用这首小诗后，看门的老人听后号啕大哭。我让孩子们轻声朗诵这首小诗：“前天，我放学回家，锅里有一碗油盐饭；昨天，我放学回家，锅里没有一碗油盐饭；今天我放学回家，炒了一碗油盐饭，放在妈妈的坟前。”孩子们朗读时语气平平，没有读出特别的感受。然后，我用低沉舒缓的语调满怀深情地范读，读完后我泪盈眼眶。受我的感染，有些孩子也跟着落泪了。但我知道，年幼的学生并没有真正理解这首短诗包蕴的感情。我把“油盐饭”三个字特意标记出来，动情地对孩子们说：“再多再大的财富，都比不上妈妈对孩子的深情关爱；再苦再穷的家庭，只要有妈妈在，就是温暖的、幸福的，哪怕每餐只有一碗粗陋的、简单的油盐饭。上帝不能亲自到每家，于是他创造了母亲。每一位母亲对孩子的爱都是非常无私的、伟大的。即使贫寒、凄苦，母亲也会竭尽全力给孩子仁爱、温暖和慈善。作者用52个字，将生活的艰辛、拥有母爱的幸福，失去妈妈撕心裂肺的悲痛，表现得淋漓尽致，表现出强大的震撼力与穿透力。多少人读了《一碗油盐饭》潸然泪下，这就是真情的力量。真情不能夸张，真情不能浮华，真情只需要用心用情，用最平凡朴实的语言去打动人。”

我解读小诗后，让孩子们自由地反复朗诵《一碗油盐饭》，再全班齐读。我特别留意了孩子们朗诵时的语调和表情，甚至仔细观察了他们的眼角是否有泪滴。很显然，这一次的朗诵效果比他们初次朗诵时好多了，班上竟然有十多个孩子流泪了，甚至还有四个男生都泪流满面。我再让孩子们一次次反复诵读，直到他们真的被感动了。最后我让孩子们谈谈自己对这首小诗的理解。孩子们各抒己见，谈出了自己对小诗的理解，对母爱的理解，对亲情的理解。理解虽然粗浅，但很真切。

读完这首让人潸然泪下的小诗，我又给孩子们出示了第二首特别让人揪心的小诗《叔叔，请把我埋得浅些》。结合小诗的背景，我非常动情地给孩子们讲了“二战”时期纳粹德国肆虐残杀无辜的故事。听完故事，再读小诗：“叔叔，请把我埋得浅一点。深了，明天妈妈找不到我。”我和孩子们都泪眼婆娑。我再一次重复刚才的话语：“孩子们，这就是真情的力量。真情不能夸张，真情不能浮华，真情只需要用心用情，用最平凡朴实的语言去打动人。”

趁热打铁，我对孩子们说：“孩子们，请把你对父母、对老师、对伙伴、对人生、对大自然的爱用最朴实、最真切的语言表达出来。我们一起来尝试，看谁写得最能打动人心。”

绝知此事要躬行。为了真正了解学生写作的真实情况，我让学生们现场进行片段描写，找出一个倾诉对象，抓住某一个细节，用最朴实的语言，写出此刻最想说的心里话，让学生懂得什么才是真情实感的表达。

下面是部分优秀孩子的现场作业（小学五年级学生）：

“我的生日快到了，妈妈却出差了。没有妈妈在家的生日，就像没有过生日。”（教师点评：表达出作者对母亲的深情眷恋和深深的爱意。）

“老师，您说您很爱我们，其实我们也很爱您。您每天走来走去的，可别感冒了哦。还有，您的肚子开始有点大了，该减肥了。”（教师点评：学生的敬佩之情、关心之意表现得很真切。）

“我的手不小心被门夹住了，不仅出了血，还把皮弄破了好一大块，我顿时感觉疼痛难忍，眼泪流了下来。坐在我后面的向雅琴看见了，匆忙拿出滚筒纸，轻轻地将纸一圈一圈地裹在我的手指上，还轻柔地替我揉受伤的手，嘴里不停地问我：‘还痛吗？好些了吗？’”（教师点评：于细微处见真情，同学情谊表现得很真挚。）

正确引导，长期训练，孩子们慢慢懂得了用最贴切、最朴实的语言表达内心最真实的感受，这正符合语文课标“写出真情实感”的要求。更重要的是从小就培植了孩子们用真情书写人生的优秀品质，引领着孩子们做真诚重情的人。无论是30年前初为人师，还是如今两鬓已渐斑白再上讲台，所教班级的学生几乎人人喜欢我教作文。每接手一个班，学生的作文水平总会有较大提高。今年辅导一学生的作文在全国获得一等奖，也算是学生习作成功的佐证。①

① 本文于2017年3月发表于《湖南教育》。

专辑四

管理之道

如果说经费、教师、设备是办好学校的三大要素，教师则是其中最关键的要素。管理的本质是“人为为人”，即“以人为中心”。任何人类的自觉活动，都需要有一定的规则和秩序，用以维护和巩固某种有效的活动方式，防止单纯的偶然性和单纯任意性的干扰。“这种规则和秩序，正好是一种生产方式的社会固定的形式，因而，它是相对地摆脱了单纯的偶然性和单纯任意性的形式。”因而，对教师的管理，有制度、法理可依，以教育之理论指导教师是至关重要的。

一个都没少

我一直被那个清晨的那个群体的那个举动感动着，并且想用文字记录下我的那份感动。

2004 年 12 月 13 日清早 6 点 40 分——正是我的员工们即将上班前的那段时光。天公不作美，突然雷电交加，一道又一道闪电划破了漆黑的天空，一阵又一阵轰炸般的雷声响彻在天地间。我印象中的第三道闪电特别有穿透力，把漆黑的天空照得比白天还要亮。紧接着，一阵恐惧得让人毛骨悚然的雷声似乎要把整个地球炸裂似的响起来了。再后来，倾盆大雨就哗哗地下了起来。

每每听到炸雷声，我便会心有余悸地想起亲身经历过的两件往事。10 岁的时候，一位大婶去井里挑水，在途中就被雷电击死，那惨状，在我幼小的心灵里印下了恐惧的烙印。1987 年刚参加工作，我分配在由古祠堂改建成的曲塘村小工作。我隔壁办公室是杨期富老师，那是个憨态可掬、待人真诚得让我这个 17 岁的年轻女教师除了感动还是感动的好同事，1988 年 5 月中旬放早插假，他在田里插秧时被雷电击中，失去了年仅 40 岁的生命。

7 点 40 分，我的老师们还得像往日一样来学校参加早集合。离学校稍远的老师肯定已经动身了。尹秀菊老师住在县城东头的龙山街，离学校少说也得有 3 公里吧。年已 53 岁的她，每天都是步行来上班的。总务主任老王是半边户，一直住在平清村，家里离学校差不多有 4 公里。村里的路崎岖不平，满是泥泞，他一年 365 天都是骑自行车来学校的。还有老教师胡彩莲、林喜元、罗伦喜，孩子未满周岁的年轻教师曾华容、肖丽春……一个个可能遇到困难的老师的影子，像放电影般在我的脑海里浮现出来。

我对还未起床的爱人说："老师们今天要是迟到了，我肯定会原谅他们的。这天气啊，让人恐惧，但愿他们别急着赶来啊！"爱人也深有同感地说："是啊，是啊，这样恶劣的天气，无论是走路还是骑车，都会被大雨淋湿一身的哦！"我这时多么希望我那些一向守时的员工们如果怕迟到，顺便给我打个电话请假也行啊。我早就想好了，今天无论哪位教师跟我请假，我都会告诉他："今天就别急着赶来了，在家里先待会儿，等暴雨停了再来吧。只要能在学生到校前赶到就行了。"但是，床头柜上的电话自始至终没有半点动静。

雷电继续在猖狂着，暴雨继续在肆意地下着，我依旧在希冀着老师们别像往日那样急急地赶来……

我从宿舍里撑着雨伞来到操坪，没多大会儿衣服就淋湿了。看到老师们已经陆陆续续来学校了。有的全身被雨衣包裹着，只露出一张冻得通红的脸；有的右手举着雨伞，左手推着自行车；有的腋下夹着昨天下午带回家去批改的学生作业，身子却已经被雨水打湿；有的骑着像刚从水里洗过般的摩托车……

7 点 38 分，早操的预备铃声已经响了。凭直觉，人好像没有往日那么多。7 点 40 分，正式集合铃声响了，老师们很有秩序地分年级组站在一栋教学楼的过道里。学校 6 位行政人员在分组清点人数。"五年级组教师全部到齐！"工会主席老王首先报告。

教导主任张任安似乎有点激动地大声说："三、四年级的教师也全部到齐！"

办公室主任周又宝则半幽默半当真地报告："报告校长，综合组一个都不少！"

最后一清点，全校 74 名教师，一个都没少，全部正点到齐。

面对站在我对面的或比我年长或比我年幼或跟我同年代的几十位教师，听到“全部正点到齐，一个都没少”的汇报结果，我真的抑制不住内心的感动，极力控制住自己将要流下来的眼泪，用比往日低沉得多的语气说：“今天早晨的天气这么糟糕，你们全部到齐，一个都不少，你们——辛苦了，谢谢大家！”顿了一下，我调整了自己激动的情绪说：“以后遇到这样的天气，大家就稍微推迟点时间来单位吧。安全第一，身体第一啊！”

在一声“解散”声中，老师们马上朝着各自的办公室走去。看看时间，7 点 45 分，离机关单位早上班时间还有 15 分钟。再看看每位老师的背影，那厚厚的冬衣，十有八九，或多或少地淋湿了。

事后，我问家里离学校最远的总务主任老王：“从家里出发是什么时间？”他清楚地记得，并认真地说：“我从房间走到走廊，又从走廊走到房间，来来回回反复了三次。心里挺犹豫：出发吧，万一有个闪失被雷电击中，说起来不好听呢，俗话说雷打三世冤啊！不走吧，二年级组等着我去清点人数，如果我不早点赶到，怎么向校长您交代，又怎么向老师们交代啊。说白了，就是那份责任感让我最终在 6 点 50 分把自行车推向了雨中。”

再后来，我又关切地询问了其他几位教师，他们几乎是众口一词地告诉我：“没什么，校长，只是为了遵守学校的纪律，只是为了不违反规矩。”

责任！纪律！规矩！这就是纯朴的教师群体，这就是我那群可以置淋湿一身于不顾，可以置着凉于不顾的坚强的老师们，这就是我那群甚至可以与雷电风雨交加作对的勇敢的老师们。他们心中唯存的信念就是——责任！纪律！规矩！

我记往了那个日子——2004 年 12 月 13 日，天气恶劣的一天；我更记住了，那天早晨，7 点 40 分单位早集合，我的员工们一个都没有少。

你知道我在后悔吗

回首30年的教育历程，有过鲜花掌声荣誉风光，也有过泪水委屈艰辛。好在，人生的一个个驿站已经踏实地经过，功过自有评判。此刻，梳理自己从教的经历，不想提及所谓的辉煌和成功，而那几次教育的“灰色记忆”却萦绕脑海，浮现眼前，心中充满忏悔。孩子，老师，校长，你知道我在后悔吗？

那一巴掌，成了我刻骨铭心的记忆

那个挨过我揍的学生叫荣，可以说是个调皮得让我束手无策的顽童。午睡时，荣竟然用小锯子锯女同学的膝盖，可怜的女生害怕得流泪却不敢出声，更不敢告诉老师。从旁人的嘴里，我才知道这严重的“欺凌”行为。我反复教育，荣还是不认错。我忍无可忍，甩过去一个巴掌。始料不及的是孩子的鼻子竟然出血了，红红的、鲜鲜的儿童的血，慢慢地，往下流着，一滴一滴。我害怕、紧张、后悔。不由分说，用卫生纸替孩子塞鼻孔，用清水拍后颈。好在鲜红的液体还给面子，不多会儿就止住了，我壮着胆子对孩子说：“回家告诉你父母，就说杨老师失手打你鼻孔，出血了！”孩子倔强地说：“我才不会告诉他们，谁叫我做了坏事！”荣应该没有告诉家长，因为我从来就没有听到过家长的半句怨言。

体罚孩子的教训让我刻骨铭心。那一年，我在大水中心小学做六年级班主任，是我从教的第三年，当时我是一名20岁的年轻女教师。

没脾气的人是神而不是人，但是体罚自己的学生，并且让孩子鼻子流血了，杨晚云，你那个巴掌，扬得不该啊。

从此后，她的事业观完全改变

在城关一校做了12年校长，我觉得愧疚的人，是M。

M不是科班出身，但是对待工作一向非常认真，所带班级的综合表现在同年级6个平行班级，无论是学习成绩还是各项特色活动，都处于中等偏上的层次。最可贵的是，M很大气，从不与任何同行计较名利，她的努力似乎出于她的工作责任心，或者是出于内心的热爱吧。正因如此，学生很喜欢她，同事们也喜欢她，学校老师子弟也放在她的班级，不少家长也主动提出把孩子放在她的班级。我也挺喜欢M，跟她交往，显得轻松、舒服。

一年一度的年终考核又到了。学校有详细的量化考核细则，年初由全体老师讨论制定，因为从群众中来，再到群众中去，执行起来很顺畅，没有因此产生过任何矛盾。

我在学区开会的时候，M怯怯地走到会议室门外，拿着学校的量化考核细则对我说："校长，我并不在乎名利，但是，我今年确实是可以评'优'的，可是我没有评到，因为考核小组考核的时候在考勤这一项多扣了我0.3分，不然，我就属于前3名，自然就能评'优'了。"我有点生气地说："有话可以到学校说的，为什么非得到学区来找我呢？影响多不好。分数既然已经公布了，错了也要执行。"M并不生气，细声细气地说："错了还可以改正吗？我年纪也不小了，如果今年能评个'优'，近几年就有可能晋升小学高级职称，您是校长，您替我主持公道，纠正考核小组的工作失误好吗？"

作为校长，我真的有点为难，因为年终考核会上我已经反复强调了，要改正考核小组打出来的分数，必须在规定时间以内，超出了规定时间，再去订正，就显得很不严肃了，也会造成连锁反应。但是，我仔细看了一下M提供的请假依据，的确是多扣了一天事假分0.3分，加上0.3分，M毫无疑问就能评“优”了。

我最终没有替M纠正分数，对她说：“有制度在，错了也得错下去，我不会替你纠正。”M不再坚持，拿着学校的量化考核细则离开了学区。

M没评上“优”，没有表现出对学校工作的不满或对我的不满。这以后，M的事业观却完全发生了变化，她对学校的任何工作都显得毫不在意。新学年开学，她提出了不再担任班主任、不再承担语文教学，只想教思想品德。学校满足了她的要求。

从此，M喜欢上了独处，将自己的心灵世界完全封闭了起来，对年终评优和晋升职称的事，没有向我提过半个字。

2011年9月，我离开学校的时候，学校有一批80后的年轻教师都评上了小学高级，出生于60年代中期的M，依然是小一职称。因为两家居住地离得近，我偶尔碰到过M，也主动提出要她报小学高级职称材料，她坦然一笑说：“谢谢您的关心，我没有这个意愿了。”

再后来，听说学校所有符合小学高级教师条件的年轻人都评上了小学高级，而M，仍然是小学一级。她过两年就要退休了，很可能，她将是小学一级职称退休。这在县城小学，极少见。

职称，对于教师来说，意味着什么，每一位教师都很清楚。管理就是激励，而我于M，竟然是挫伤。或许，是我毁了M的追求。我的心有一种隐痛。

我哪里有脸面吃饭

从2013年开始，教育局着手抓全县初三学考成绩。我是抓初中教学质量的主要责任人。

最初是召集全体校长开大会、听报告、鼓士气，再后来是进行成绩分析，质量落后学校的校长面向与会人员进行表态性发言。

两年来，C学校的Z校长每次都“榜上有名”。短短的几分钟表态发言，于他来说，或者真的是如坐针毡。毕竟当着上百号熟悉的同事们一次次以负面角色亮相，内心肯定是百味杂陈。但是在我内心深处，却是存在有责怪的：为何别的学校成绩上得去，你们却上不去？学校质量差，校长当然是有责任的。都像你们学校一样，县里的学考在市里的名次怎么上得去？

2014 年 11 月 27 日，我带领我的教研团队走进了 C 学校，想通过听课、和师生座谈、问卷调查了解一下学校教学质量总是居后的原因。校长是由另一所学校的教导主任提拔上来的，平心而论，他本身的教学能力不错，上进心也极强。只是学校教师的凝聚力，课堂教学的有效性，优质生源的严重流失都需要反思。在学校食堂的饭桌上，县教研室初中数学教研员以长者的身份给每位在场教师布置任务："杨老师，你抓好数学组，至少带动 10 个人进取；舒老师，你年龄大了，仍然当班主任，有威信，请抓好班主任队伍；小肖，你年轻有为，语文组就看你的了。"看到老教研员如此细化地分配任务，Z 校长很是感动，作为一个堂堂男人，竟然眼泪盈满眼眶。一个劲儿地说："对不住你们，对不住你们，成绩没有抓上去。"

我们离开学校的时候，校长一直送了很远很远，边走边说："这以后如果再不考好点，我无地自容。"

然而，该校学考成绩仍然落后。2015 年 3 月 30 日的全县初中学考鼓劲会上，Z 校长依然上台做表态性发言……散会后，全体与会人员都齐刷刷地赶往承办学校的食堂用餐。

我在学校厕所旁的一角看到了 Z 校长，跟他打招呼："走，吃中饭去。"他非常难过地说："我哪里还有脸面吃饭？"说完，悻悻地从会议室的一角悄然无声地走出了校门。我心里有过片刻的对他的理解，不过转瞬就消失了。

几个月以后，听说 Z 校长因为意外事故英年离世了。"我哪里有脸面吃饭"便成了他这一辈子留给我的最后一句话。

我的心一阵紧似一阵地痛起来，继而内心充满了悔意：当我们的基层学校的教学质量总是上不去的时候，我和我的教研团队能为学校提供多少专业支持？当我们的校长连吃饭的勇气都没有的时候，我是否想过在抓教学质量的时候还要做好人文的关怀？

一年又一年，已经在教育之路上走过了30个春秋。年岁渐长，阅尽教育风景，眼，必须擦得更亮、睁得更大；心，必须沉得更深、撑得更宽。唯有这样，才能更明晰地看人、看事，才能更理性地做管理、做研究。

我想真诚地对我曾经有意或无意伤害过的工作对象说一声："对不起。"

晓理＋动情：教师管理之道

如果说经费、教师、设备是办好学校的三大要素，教师则是其中最关键的要素。管理心理学认为，管理的本质是“人为为人”，即“以人为中心”。教师是具有一定文化底蕴、有比较独立的思想、有鲜明个性的知识分子群体。古代就有“文人相轻”之贬说。所以教师管理是校长办学之重点，也是最难点。学校管理中如何采取晓理动情、情理相容的管理方式管理教师，使教师们在思想认识上明大理，工作中循法理，情绪上持久地处于激发状态，主观能动性得到充分发挥，个人潜力得到最深挖掘，工作成绩达到最佳效果，是每个教育管理者值得探究的问题。笔者自 1995 年至今，已从事学校管理工作达 9 年之久，工作中能正确地把握好情理之度，围绕“理治”与“情治”有机结合做文章，以“理”为基石，以“情”作纽带，对教师们晓理动情，使本人管理的学校教育教学工作独树一帜，成绩比较瞩目，现将个人之见叙述如下。

一、晓之以理，以理“服”师，以理“导”师

管理学认为，任何人类的自觉活动，都需要有一定的规则和秩序，用以维护和巩固某种有效的活动方式，防止单纯的偶然性和单纯任意性的干扰。马克思曾经指出：“这种规则和秩序，正好是一种生产方式的社会固定的形式，因而，它是相对地摆脱了单纯的偶然性和单纯任意性的

形式。”因而，对教师的管理，有制度、法理可依，以教育之理论指导教师是至关重要的。

1. 以规范科学的制度管理教师、建立法理，做到以法治校、从严执法

春秋时期郑国著名政治家子产曾说：“法纪严厉如火，触者必伤，人们望而生畏，敢于玩火者少。”国内一所著名学校校长也曾经说过：“严格要求是我们学校生命之所在。”的确，要使学校高效协调地运转，必须借助完备合理的规章制度。笔者深知“制度管人”的重要性。纵观多年来的管理经验，经教工代表大会通过了20多项制度，学校将全部制度汇编成册，人人耳熟能详。所有教工的工作，都按册子规定严格执行，只要是职责范围之内的事情，不分上班下班，不管昼夜寒暑，不论平时假日，努力把它做好。正因为教师工作有章可循、目标明确，奖罚分明，所以几乎少有教师违纪犯规的现象。长期以来，已经成为教师自觉的行为。即使个别教师犯了小错，挨批受罚也心服口服。不仅如此，学校决策者还经常针对管理工作中存在的问题，采取以实对实、以变对变、以活对活的办法，在抓好常规管理的基础上不断改革求新，使学校制定的教师管理制度与时俱进，让管理跟上时代步伐。

2. 学校领导必须严于律己、执行公理

《荀子·非相》中指出：“故君子之度己则以绳，接人则用曳。度己以绳，故足以为天下法则矣；接人用曳，故能宽容，因求以成天下之大事矣。”还指出“忠信均辨，说乎赏庆矣，必先修正其在我者，然后徐责其在人者，威乎刑罚”。其强调的就是领导行为必须具有典范性，严格要求自己，自身端正，再慢慢去要求别人，待人必须公道、实在。领导做事公正、公平，增大透明度，不徇私利，不谋己欲，用人格魅力去影响教师，用非权力影响力去感化下属，必然取信于民，得到教师的认可、信赖和尊敬。笔者当校长以来，一向力求做到对下属一视同仁，与下属平起平坐；处事十分公道、正派，工作以身作则，时时以苏霍姆林斯基倡导的“教师的教师”要求自己，虚心好学，不断提高自身素质；实际工作中坚持“从群众中来，到群众中去”的工作指导思想，主动承担责

任，坚持真理。由于严于律己、公正办事，所以本人多次获国家、省级优秀教师、德育工作者奖励。由于工作中主动性很大，多年来能在人际关系较为复杂的工作岗位上得心应手地开展工作、干好工作。

3. 用深刻的教育理论、富有时代性的教育理念武装教师头脑，使教师们明大理

荀况在《荀子·非相》中指出："人之所为人者，何已也？曰：以其有辨也。"人同其他万物的区别就在于人有意识，教师若能用正确的教育理念指导自己的教学行为，必将达到事半功倍的效果。有人将教师分为五个层次，其中最高层次为"大教师"，而大教师必须具有深刻睿智的教育思想。有关教育专家在对中美教师做过比较后得出结论：美国教师不仅传授知识，而且传授新观念。每个普通的美国教师都有自己整套的教育思想。正是在这种观念指导下，笔者在管理过程中不时给教师灌输新的教育理念，让他们了解各种教育理论流派，懂得学生心理发展规律。教师们头脑里的观念新了，对教育的内涵理解透彻了，工作起来就能高瞻远瞩。学校每学期初由校长举办教育理论讲座，向全体教师讲述自己的办学思想；学期中进行理论研讨，及时了解教师们自学与互学的情况；学期末举行教育教学论文评比等系列活动。科学合理的学习研讨安排，对教师理论的提高是大有裨益的。为了给教师提供学习资料，学校公费订阅了大量刊物，购买了系列教育理论论著，世界阅读日给教师送书读，并且将学校电脑联网，让教师们到网上搜集到了大量资料。厚积薄发，一批明大理的教师在学校工作中发挥着巨大的作用。

二、动之以情，以情"动"师，以情"育"师

教育是充满情感的事业，不光是教师对学生，也可以是校长对教师。我国传统的管理思想就是以中国特有的"人学"为理论基础的。孔子说："礼之用，和为先。"孟子进一步提出："天时不如地利，地利不如人和。"在今天，这一传统思想继续作为激发和引导学校教职员工主动性、积极性、创造性的理论依据而放射出异彩。笔者在对教师管理中，也十分注重以真情打动教师，让教师们心为校长所动，情因校长而生，

热爱教育事业，努力工作。

1. 善于激发教师对教育事业的热情

管理心理学认为，人的积极性的调动是一切事业起飞的原动力，教师积极性的调动固然离不开物质刺激，但激发其内心的事业感、使命感，使其产生育人为乐之思想，把教育当做事业追求，以实现自我价值，也不失是一种有效的激励手段。笔者在管理过程中善于给教师创造展示自我的平台，让他们积极参加各级组织的各项活动，抓住一切机遇推销自己，尽展个人风采。真正做到中央所提倡的“鼓励和支持冒尖，鼓励和支持当领头雁，鼓励和支持一马当先”。这时，领导心甘情愿为人搭梯，当教练，当陪练。多年来，还遵循“培训就是最大的福利”的理念，给教师们提供学习取经的机会，让教师不断换脑子、学技术、长知识，与时同步，永不落伍。当教师通过各项教育教学实践活动发现自我价值、实现自我价值、体验到成功的喜悦以后，其工作的热情必将愈加激发，内生动力源源不断。当身边的国家级、省级优秀教师、骨干教师产生以后，又用真实的榜样力量激励引导其他教师为事业拼搏，产生良性循环，对学校工作的推动作用就不言而喻了。

2. 心系教师，赋予教师生活上一片温情

《荀子・王霸》中提出：“夫人之情，目欲綦色，耳欲綦声，口欲綦味，鼻欲綦臭，心欲綦佚。”其意是说人的心、眼、耳、嘴都想享受最好的东西，这是很正常的现象。作为校长，要努力为教师们营造充满温情的校园生活环境。对每位教师倾注真情、播撒爱心，把解决教职工后顾之忧当做领导班子的一项硬任务，满足教师心理需求，让教师体验到生活的温情，必然深得民心。领导心系教师，就能上下同心，心往一处想，劲往一处使，就没有过不了的坎，没有干不好的工作。老教师最渴求健康，希望得到尊重、体谅，校领导为其祝生日、过重阳节、设立“健康奖”，必然让其深受感动。中年教师工作负担家庭负担都很重，心理牵挂着住房和子女入学、就业之事，校领导能走入其心灵，帮助解决实际困难，会让他们激动不已；青年教师希望获得美满婚姻，获得精神鼓励和

工作上的指导、帮助，领导的关心必将使他们感受到长辈的深情。校领导给予教师生活上的温情看得见、摸得着，对教师工作的推动也是最能见成效的。

3. 尽量营造集体的亲情，减少教师工作的心理负担

“工作着是美丽的。”“诗意地生活在教书育人的氛围里”，这是理想化的境界。实际工作中，教师往往被繁重的教育教学任务压得喘不过气来。常听到教师埋怨：“为什么只给我们压力，不给我们魅力？”了解到教师这些心态以后，就可以采取对策，为教师心理减负。有人说家是最温馨的场所，将校园营造成家的氛围，必将吸引教师热爱工作。首先领导与下级之间平等相处，尽量减少教师对领导的畏怕感；更重要的是让教师之间和睦相处，正确对待荣辱名利，在良好的校园人际氛围里工作、学习，使身心快乐。笔者工作中的做法是：一是创设轻松的工作氛围：每天清晨放着轻快的音乐迎接老师们到来，然后集体做操、跳舞、跑步、跳绳，老师们在群体活动中身心得到极大放松。二是每学期必须组织三次以上文体活动，让教师们尽情欢唱。三是校长有为教师服务的思想，努力为教师扫清心理障碍，再引导教师加强人格修养，教育他们人与人之间互助，看谁都充满善意，对名利有坦然感，同事之间多看人家长处、善的一面，眼越顺，心越宽，真情就越多。四是定期召开交心会，设立教师与校长谈心日，让教师们释放压力，体验快乐，感受组织和同事的温暖。这种洒满七色阳光的亲情般的校园人际环境，使老师们具有了极佳的心境，能很好地投入工作。

孙武在《孙子兵法》中提出：“人情之理，不可不察。”教师是有血有肉的人，关于教师的管理，不可不探讨最佳方法。管理中宽与严结合、情与理相容、晓理动情，不失为教师群体能乐于接受的管理方法。由于笔者在管理过程中做到了情理结合、宽严适度，所以取得了好的管理效果，所在学校教育教学工作在省市获多项奖励，并成为地方品牌学校，也算是对笔者管理理论与实践有机结合的一种高度认可。①

① 本文于2004年10月发表于《湖南教育》。

加强学校文化建设，提升办学品位

学校文化包括学校所实践的教育思想、教育观念；学校所遵循的规章制度的行为习惯；学校成员作为整体的价值取向与行为方式，它是学校的精神生命和灵魂。学校最有品位的东西是学校所拥有的文化。正如美国教育家伯尔凯和史密斯所指出的那样："一个办得成功的学校应以它的文化而著称，即有一个价值和规范的结构、过程和气氛，使教师和学生都被纳入导致成功的教育途径。"我接手管理的是一所百年老校。为适应时代发展，确立了文化兴校的思路。力求依托文化建设为师生打点文化底色、用丰富多彩的文化提升办学品位。在学校文化建设实践中，我也体会到，学校物质文化是基础，是可观可感的外在形式；制度文化是保障，是撑起学校发展的有力支柱；精神文化是灵魂，是铸造学校品牌的精髓。

一、建设物质文化，让校园环境轻松欢快温馨

学校的物质文化，属于学校文化的表层，它包括校园建设、校容校貌、环境文化，教育教学的设备设施文化以及师生员工的成果产品文化。它是教育教学以及管理活动的物质基础。学校优美、干净、安静、温馨、轻松的学习、工作和生活环境，对于师生心态的调整，情操的陶冶，行为的规范都有极其重要的作用。这种作用是无处不在的，是无声胜有声

的，是意义深远的。地处武陵山片区偏僻县城学校的经费有限，学校硬件建设很难达到理想境界。但是如何用有限的经费营造出脱俗的校园环境，需要管理者出谋划策，付出智慧。

我基于学校物质文化现状做了创意性探索：

其一，借助音乐，营造轻松美好的校园声音环境。3000多师生的校园是喧哗嘈杂的，减少嘈杂的最好手段无疑是音乐，因为音乐是有功效的，音乐是最具有感染力的艺术。基于此理论，师生在校期间，每天必放三次音乐，让师生在音乐声中放松心情，以欢乐的心情投入工作和学习。早晨激情澎湃型音乐，对于激发师生昂扬斗志大有裨益。中午，播放舒缓柔情旋律，便于师生调整心态，“先处理心情，再处理事情”，积蓄力量迎接下午工作和学习的挑战。下午放学音乐系活泼欢快型，欢送师生离校，让美好回味留在心中，带美好心境走入家庭。

其二，学校空处皆绿化，处处都美化。校园一年四季花香四溢，绿树成荫，花草树木充满生机与活力，让在校师生也感染到活力与生机。校园中心假山屹立，平添几分典雅，水池中小鱼嬉戏，则与儿童的欢蹦乱跳相映成趣。

其三，让每棵树木都说话，让每面墙壁都言爱。入校门处，30多年树龄的古树说：“我是常绿乔木桂花树，在城关一校30多年了。老师、同学们，我真的很爱城关一校这片土地。我每天都会默默地祝福大家平安健康快乐！”校园中心的桂花树则“畅谈”“你对‘不’字知多少”，借桂花树说话，来教育孩子们养成良好的行为习惯。走廊墙壁悬挂中外著名教育家“爱的教育”箴言，室内营造童话般的世界。

现在，学校并不豪华气派，但是非常温馨美丽。学校没有高档建筑，但是质朴中透出亲切。师生置身于如此的校园环境中，感受到的是温暖、温馨、轻松与惬意，减少了来自工作和学习的压力。借助物质文化，尽量让师生“化压力为魅力”，可谓学校物质文化之功效。

二、建设制度文化，由规范走向人文

全球化时代对于中国社会来说，就是一种建立规范、由人治走向法治的时代。在这样一个时代，所有社会成员都必须确立一种规范意识。学校管理必须有章可循、有法可依。所以学校出台相应的规章制度，并且在教职员工中形成一种认同心理，并转化为行为。

制度化建设分为三个层面。一是规范班子成员管理。学校行政人员有《行政规则15条》，其中重要一点是“首遇负责，人人尽责”，要求行政人员对制度必须耳熟能详，并在管理行为中严格执行规则。二是强化教师管理。《城关一校教师必读》对教师的教育教学行为进行了细化规定。教师的教育教学行为均有章法可依。针对个别教师体罚学生的情况，开展了“关爱学生，教师底线；体罚学生，触摸高压线”的两线教育。三是强化学生行为规范，落实一日常规，加大了对学生养成教育的力度。向每个学生提出“学校荣辱，我的责任；出了校门，我就是城关一校的形象大使”的严格自律要求。

在学校制度文化建设过程中，倡导的是学校文化建设需要制度，但又要超制度。努力建设人文文化校园，是实现这一超越的关键。校长是人文关怀的第一责任人，更是第一实践者。在对教师管理中创造性地实行富有人文性的以感动为指导思想的“四精”教育：“精品故事传播思想，用正确教育理念引导教师”；“精心策划爱的教育活动，用校长真情打动教师”；“洞察教师言行，用精美文章感染教师”“凝练校园口号，用精悍口号感召教师”。这种人性化管理策略在执行中深受教师欢迎，相关管理论文《管理不是无情物，彰显人性亦生辉》在省级刊物公开发表。在学生管理中大力推行的“感动教育”德育主题，则让学生人人能感受到爱，人人懂得付出爱。人人参与创意升旗活动受到感动，让学生学会爱同学爱学校进而爱祖国爱民族；“让读好书成为习惯”，从书中优秀人物身上受到感动，感动自己的同时，又用自己的行动去感动亲人朋友和社区成员；让家长老师一起参与爱子爱生活动，用真心爱心感动学生继而教育学生。让学生体验爱、学会爱、健康成长。相关文章《用微笑诠解校长的幸福》也发表于《湖南教育》杂志。由制度升华到人文阶段，达到的境界是：学校领导眼中有人，办学体现民主；老师眼中有人，教育以关爱学生为主；学生眼中有人，从小学会感恩父母回报社会。此种超越，在很大程度上彰显出“以人为本”的管理特色，真正达到创建“和谐校园”的办学目的。

三、建设精神文化，不断提升学校品位

学校精神文化是学校在长期的办学中积淀、整合、提炼的反映学校广大师生员工的理想目标、精神信念、文化传统、学识风范和行为准则的价值观念体系和群体意识。学校精神文化赋予学校以生命与活力，提升了师生的品位和修养。

通过多年的积淀，形成了我校的办学思想：尊重师生，关爱师生，发展师生。形成了我校的教育理念：今天的教是为了孩子一辈子的发展。形成了我校的办学口号：立足小县城，放眼全中国；师生行为口号是：学校荣辱，我的责任，出了校门，我就是城关一校的形象大使。形成了我们的共同愿景：一个好的师资团队，办出好的教育，利用好的办学成绩，赢得好的社会声誉。我们对教师形象的要求是：活力四射，亲切微笑，好学多思，让教育充满思想，让思想充满智慧。要求全体教职员工要有五心：爱心、热心、耐心、诚心、信心。全体学生要有五会：会健身、会交往、会合作、会学习、会礼仪。

为使师生有较高层次的精神境界，以促进学校精神文化建设向高深处发展，为使以上思想、愿景口号落到实处，学校启动了五大精神文化工程：第一，师生都必须有好的口才和文采，校长带头参加各类训练和比赛，师生处处练口才，人人让文章出彩。第二，倡导修炼“腹有诗书气自华”的气度，让读经典名篇背诵经典诗文成为习惯，每天必读书，每读必积累。每天一背，每周一查，每年一赛。第三，每天必做几件事——看新闻、唱歌曲、踏步训练。第四，师生人人牢记“学校荣辱，我的责任”。校园无片纸，谁不捡拾谁的责任；校园无乱事，谁看到不制止不教育谁的责任。第五，无爱不教育，无爱不为人，人人争做爱的使者，每天争取为别人做一件体现关爱的小事。当一种共同信念引领着一个团队向前发展，学校具备强有力的竞争力是不言而喻的。

依托学校文化建设的相关理论，以现代学校文化建设为突破口，在

更新管理观念和教育教学观念，建设一支具有高品位文化素养的教师队伍，形成、完善学校鲜明的特色和优良的校风，创造适合学生发展的理想文化氛围等方面，我结合本校实际做了积极的探索，进行高位思考工作，严密策划工作，用行动实践了办学理念，成效是显而易见的：促进了师生共同健康成长，形成了学校鲜明的办学特色，推进了素质教育的实施和基础教育新课程改革。主持学校工作几年间，学校获得多项国家级、省市级奖励，并在近几年成为地方名校，甚至在省市也有一席之地。本人被推选为教育部重点培养的骨干校长，便是成功的佐证。①

① 本文系作者2007年在湖南省校园文化建设经验交流会上的发言稿，2008年8月发表于《湖南教育》。

农村初级中学校长
教学领导力的提升策略

校长教学领导力，指校长根据自身教学理念，通过对学校教育教学活动主体的领导，促进学校教师专业成长发展，促进学生学业成绩提升，促进学生全面发展，通过实施教育教学改革，实现教学愿景，促进学校整体发展的能力。

“领导课程教学”是我国校长专业标准的六大专业职责之一，教学领导力是校长的核心能力。教学领导关乎一所学校的育人质量和队伍发展。洞口县属武陵源片区贫困县，由于地处经济欠发达地区，缺少专业引领，区域内农村初中校长整体存在着教学领导力较弱的问题。

一、分析我县农村初中校长教学领导力存在问题的原因

1. 校长自身因素

校长教学领导是一项专业性很强的工作。校长要扮演好教学领导的角色，充分发挥好教学领导的作用，就必须不断提高自身的专业素养，对学校的教育教学有整体的把握，对各学科教学都要有一定的了解，对学校的课程建设能进行整体系统的思考，从而提升教学领导力。事实上，本地区有一定比例的校长思想较为保守，很难跟进接受新的

教育理念教学思想，不少校长存在知识面狭窄，对各科课程的视野狭隘，不能超越固有的传统思维模式去思考和行动。还有不少校长存在着对学校课程的整体把握能力不足。校长面对自己未知的领域，往往显得束手无策，不知从何下手从何做起。总之，先进的课程及教学理念，自身的专业素养，丰富的专业知识，娴熟的教学技能是校长能否充分发挥教学领导的重要因素。

2. 地域局限性原因

第一，本地处于经济欠发达地区，对校长教学管理能力水平的评价机制比较欠缺，评价校长教学管理能力的细则不够完善，因而很难科学公正地评价校长的教学管理能力。第二，缺少专业引领，本县属于武陵山片区比较贫困县，距离省会城市长沙300多公里，没有地域优势，经济发展、文化教育水平都较低，地方没有教学管理引领性专家，管理领军人物少，校长就算想在教学领导力领域有所思考、有所发现和有所发展，也很难突破专业理论和实践行动的瓶颈。第三，本地农村初中学校办学经费比较困难，师资紧缺，班额大，校长要想确保学校正常运转，必须要花大量的时间去争取经费，弥补师资不足，落实师生安全问题，相对而言，提升教学领导力的精力不够。第四，本地评价初中学校的办学业绩，比较注重全市中考、县级质量检测成绩，导致校长对教学领导的综合思考研究少。

二、提升洞口县农村初中校长教学领导力的策略

1. 基于学生健康成长，提升教学领导力

帕克·帕尔默说，好的教学是对学生的一种亲切款待。小威廉姆·E. 多尔在《后现代课程观》中描述了一种理想的教学现象：“让我们共同漫游，向那产生‘上帝笑声回音的，没有人拥有真理而每个人都有权利要求被理解的迷人的想象的王国’前行。”校长必须提升自己的教学领导策略，追求和实践好的教学景象，给予学生好的教学。

（1）以学生为本，注重学生全面而有个性地发展。

学生是学校工作的重心。学校工作的一切出发点和落脚点，就是为

了促进学生的发展。有效的教育是适合每一个学生个性发展需求的教育，是满足学生多方面发展需求的教育，是培养学生核心素养的教育。校长对学生的领导主要体现在尊重学生、促进学生全面发展、个性发展。校长要想真正了解学生需求，依据教育理念引领学生全面而有个性地发展，首先就要走进学生心灵，了解学生内心的真正需求。建立各种和学生真诚交流的有效渠道，做学生的知心朋友，尽最大能力及时解决学生需要解决的问题。不仅要关注学生的学习成绩，更要关注学生的身体、心理和日常生活，使学生的人文底蕴、科学精神、身心健康、创新能力等方面的核心素养得到提升，为学生全面和谐发展打下坚实的基础。校长应利用国旗下讲话、校长寄语、给学生做讲座等教育渠道，引导学生学会做人、健康生活、学会学习。

（2）立足本土特色，丰富学校课程体系。

农村学校的师资和设备与城区学校不可同日而语，但是亦有其独特性。校长在实施教学领导时，要基于本地实际，力求为每一位学生创造成功的机会，让每一位学生都能体验到成功的快乐。因此，校长要根据学生的兴趣爱好不断完善多元化的课程体系，优化课程配置，满足学生个性发展愿望，实现学生的综合素质全面发展。比如，校长可以结合地域特色，增加一些能促进学生发展的特长社团课，如传统乐器、校园足球、剪纸、乡土写作、英语口语、手工制作等特长课，借助活动课程，以满足不同农村学生的发展要求。

校长对课程体系的丰富，能开阔学生视野，为学生创设良好的学习环境和发展平台，也为教师的发展提供了可支持性的工作环境，真正使学生学有所长，挖掘学生的闪光点，让每个学生得到发展。

（3）引领教师改进课堂教学，激发学生学习兴趣。

课堂是学生成长、教师成长、校长成长的阵地。校长指导教学必须走进课堂、关注课堂。

关注教师的课堂教学，是校长教学领导的关键所在。校长一定要重视教师的课堂教学。学科教师通过学科课堂教学，引导学生学习新知，发展人格。孔子曰："知之者不如好之者，好之者不如乐之者。"兴趣是学生学习动机中最现实、最积极的因素。校长要引导教师不断地学习、反思、创新，以课堂为主阵地激发学生的学习兴趣，激发学生参与学习的愿望，使学生积极主动快乐地学习，达到好的学习效果。校长要鼓励和引导教师在课堂上善于运用启发式教学，对学生启迪思维、点拨拓展，在课堂上主动思考、深入思考，敢于发表自己的见解，创造性学习、不断展示自我，使学生的思维与能力都得到发展，在有趣的基础上达到有效。依托指导教师的课堂教学，提升校长对教学的引领能力，促进学生发展。

（4）夯实教学各个环节，促进学生学习成绩的提高。

说到办学质量，有一条铁律是不能忽视的，那就是不管什么样的教育，都要带来看得见的成绩。校长是学校教学的最高领导，校长必须对全体学生的学习成绩负责。校长必须要狠抓学校的常规教学，一定要恢复教学常规的本来面目，一定要突出教学常规的重要地位，一定要发挥教学常规的应有作用。校长必须引领每位教师精心备好每一堂课，只有充分的课前准备，才能在课堂上进行高效的教学。校长更要引领教师把每节课上出水平，基于课程标准，基于学生的实际，使课堂氛围能达到最佳状态，师生间和谐融洽相互帮助，为学生提供学习支持，满足学生的学习期待。教学质量高低，需要进行及时反馈，校长还要督察教师布置作业、批阅作业、辅导学生的及时性和有效性；每一个教学环节都能细化到位。常规出效益，抓好教学常规，促进校长教学领导，促进学生学习成绩的提高。

2. 基于教师专业精进，提升教学领导力

校长教学领导力的强与弱，直接影响着教师专业水平的提高。校长在教学领导过程中，对教师专业的引领和指导作用是非常重要的。

（1）在教学管理实践中提升教学领导力。

聚焦课堂，提升教学领导力。苏霍姆林斯基说："一个有经验的校长，他所在意和关心的中心问题，就是课堂教学。听课、评课、分析课是校长的一项极为重要的工作。”听课、评课能力是教学领导力的切入点。课堂是学校教育教学的基本组织形式，是教师教书育人的主阵地。任何教育教学的改革，必须在课堂上得到落实，才可能走向成功；任何教育教学成绩的取得，也必须立足课堂教学。日本教育家佐藤学说“课堂改变，学校就会改变”。教学领导力，根本在课堂。校长时刻保持着对各学科的关注热情，有助于对教学整体状态分析、把控和调整。校长需要各科专业思想指导，需要拓宽专业研究领域，丰富专业内涵，需要从各学科整合的视角主动建构自己的教学文化，精准规划教学生态发展的路径。指导教学必须走进课堂。校长应基于以下角度，确定每学期的听评课主题：基于传递先进的课堂教学理念；基于教学活动中暴露出的不良倾向；基于教师的发展状态；基于学生的发展需求。有主题地听评课，更有针对性，对问题的思考更深入，对对策的探索也更有实效性。校长还应建立自己的听评课方法体系，如制定听课评课的整体观察框架，用好听课笔记，做好听课综评，在课堂中生成自己的教学思想。校长要想提升教学质量，必须将重心下移，聚焦课堂，关注课堂教学的有效性，提高教学领导力，提高办学质量。

加强校本研修，提升教学领导力。教师是学校发展的第一动力，是学校教育教学的关键因素。有怎样的教师队伍，就有怎样的教学水平。本地属于偏僻的湘西南地区，校本研修尤为切实可行与重要。校本研修是以学校为基本单位，旨在优化本校师资队伍结构、提高教师业务水平、促进学校整体发展。校长对学校校本研修的领导，要按照“为了学校，基于学校，在教育教学中研究”的设计策略思想，以校为本，聚焦课堂，发现问题，以“专家引领、同伴互助、行动研究、自主反思”等形式开展开放式教研活动，促进式教研活动，学科整合式教研活动，针对式教研活动，解决教学中的疑难困惑，提高研修的针对性和实效性，促进教师专业发展。

强化教研，提升教学领导力。研而不教则浮，教而不研则浅。教研是提高教学质量的重要“密码”，是促进学校可持续发展的内驱力，是提高教师、发展教师、成就教师的重要途径，也是提高办学水平，提升办学品位的重要举措。校长要树立“让科研进课堂”“以科研促发展”的理念，积极开展教科研活动，每学期必须举行一些示范课、观摩课、研讨课，引领教师磨课、说课、上课、评课；每年应举行各种形式的教学研讨活动，以探讨和解决教学中存在的各类问题。学校的各类教研活动，校长应该身先士卒，站在专业角度看待学校教科研，提高教科研的实效，为提高教育教学质量服务。

（2）加强教师团队建设，提高教学领导力。

奥斯特洛夫斯基说，不管一个人多么有才能，但是集体常常比他更聪明和更有力。学校要发展，靠的是有一支强有力的教师队伍。

注重教师团队建设是校长教学领导工作顺利展开的重要基础，同时也使教师自身的教学效率得到了强有力的保障。

一是要切实加强教师团队的师德建设。校长要高度关注教师的职业情怀，敬业精神，心理状态与情绪态度，鼓励教师善于思考，让教师学有所思、思有所悟、悟有所行、行有所获，促进教师自觉发展，积淀深厚的教师人文底蕴。同时，制订师德评价工作方案等，建立学校、学生、家长和社会参与的师德监督体系，把师德表现作为教师考核、职称晋升的重要依据，用制度推进教师团队的师德水平的提升。二是引领教师团队的专业成长。善于给教师创造各种培训、学习机会，让教师在培训中发展；引导教师从教学实践入手，提高反思教学的能力，研究教学的能力，督促教师深入研究教育教学实践中的具体问题，进行思考与探讨，找出解决问题的对策；同时，让教师树立“终身学习、自主学习”的理念，通过学习来充实自己、完善自我、提升自我。三是要努力建立一支教学领导队伍。这支队伍包括教学副校长、教导主任、各年级组长、各学科骨干教师等。他们不仅是校长教育理念的执行者，也是校长进行教学决策的智囊团。校长应同学校的中层干部共同努力，引导教师参与学校各个方面的教学活动。鼓励教师发表自己的意见和看法，自主参与到学校的教学管理之中，让教师们在合作和互动之中，自主发展，共同发展，促进校长教学领导力提升，提高学校教学质量。

（3）完善教学质量评价机制，进行有效评价教学。

教学质量不是凭空杜撰的。校长进行教学领导需要建立科学有效的教学评价制度。以评价制度引领和督促教师扎实做好教学工作。建立学校教师的教学评价机制，需要从三个方面入手：教学评价机制必须是科学合理的，能调动绝大多数教师的工作积极性；教学评价必须是全面的，能从教学常规的各个环节对教师进行评价，教学各管理部门能分头评价，能评价教师教学工作的各个方面；教学评价必须是可操作的，评价的结果能具备强有力的说服力。只有合理丰富且可操作的评价体制，才能真正推动教师的教学工作。

3. 基于学校整体发展，提升教学领导力

提升校长的教学领导力，其最终目的是为了促进学校的发展。

（1）发展个人素养，引领学校整体发展。

首先，校长办学应该有明确的目标意识。美国管理学家德鲁克说："并不是有了工作才有目标，而是相反，有了目标才能确定每个人的工作，所以管理者通过目标对下级管理。"校长的教学思想直接决定着学校的教学行为。校长作为学校教学的核心人物，在领导教学时，要深入了解本学校、本地区的教学现状，一定要正确把握教学改革发展的走向，树立正确的教学主张，结合工作实际树立办学总目标，为实现大目标，能分时段确立发展中的一个个小的、阶段性的、具体的目标。提炼学校共同的使命和愿景，使命和愿景就像北极星一样，引领学校朝着明确的方向前进。

其次，校长要注重学习与实践有机结合。校长是一种专业性很强的职业，学习应该成为校长的职业道德。任何一位优秀的校长，必然是善于学习的。学习教育教学理论，学习管理学知识，学习信息技术知识，学习学科知识等等。校长在学习理论基础知识的同时，要对已掌握的理论进行实践。通过各种研讨学习教学活动进行思想交流，以便丰富理论，提升实践知识。校长要想管理好学校，就必须学会实践。进入学校的各个部门切实体验，密切与学校员工的接触，打下良好的群众基础。掌握学校教学的最新资料，为做出科学合理的决策奠定基础。

再次，校长要善于反思总结提升。反思才是成功之母。校长应该在正确的教育理念的指导下，对学校实行科学规范的管理。但是实践与理论总是存在一定的差距，校长在办学实践中，一旦出现问题，必须及时进行反思分析，找出工作中出现的问题，挖掘问题背后的原因，对于已经出现的一些问题，尽量弥补。对可能出现的问题，进行预测，以便不再出现问题。通过不断反思调整改进，不断发现教育教学规律，不断总结实践经验，提炼自己的办学思想。

（2）有效整合学校资源，促进学校整体发展。

第一，长远发展与调动教师积极性的原则。学校要发展，教师是关键。校长既要考虑学校的长远发展，也要充分调动教师工作的积极性。在我县教育经费比较短缺的背景下，如何分配以及合理利用学校有限的资源经费成为很多校长面临的难题。比较科学合理的做法是：要把学校经费的三分之二用来改善学校的办学设施和条件，这样有利于学校的长远发展。把三分之一的资源经费用来提高教师的福利待遇，这样才能够充分调动教师的积极性，促进教师的发展。因此校长对学校资源的分配既要有益于学校的发展，又要能充分调动教师教学工作积极性。

第二，激发不同层次教师潜能的原则。校长进行教学领导，一定要意识到合理配备教师的重要性。高质量的教师队伍是高教学效果的保证。校长在进行教学领导的过程中，要让青年教师兴校、中年教师爱校、老年教师恋校。要善于重用骨干教师，要善于挖掘有潜力的教师，要善于培养新进教师。应根据每个教师的优势合理分配工作岗位，从而达到学校人力资源的最优化。学校应建立有效的教师绩效考核和激励机制，充分调动每个教师的积极性。根据每个教师的教学成果给予一定的奖励，强化教师的成就感，使教师高效地完成学校的教学目标，促进校长教学领导。

第三，借助外界资源，丰富学校资源的原则。毛泽东在《矛盾论》中指出，“唯物辩证法认为外因是变化的条件，内因是变化的根据，外因通过内因而起作用。”学校的发展离不开外部资源环境的支持。丰富的外部资源作为学校发展的外因，是学校发展的重要推手之一。校长要积极与所在地方政府、社区、支持教育成功商人等多各方面加强沟通，向他们展示办学成绩，陈述办学存在的困难，以赢得他们对学校教育的支持和配合，为学校提供一定的经费保障，为学校发展营造良好的外部环境。

（3）加强学校教学文化建设，保障学校整体发展。

第一，营造良好的教学文化氛围。学校教学文化氛围直接决定着校长教学领导力发挥的程度。学校教学文化包括学校所实践的教学思想、教学观念；学校所遵循的教学规章制度及教师的教学行为习惯；学校成员作为整体的教学价值取向与行为方式，它是学校教学的精神生命和灵魂。学校的主体是教师和学生，只有实现师生共同发展才能促进校长教学领导。对于教师，校长应以自身典范作用，引导其具有先进前沿的教学理念，扎实务实的教学态度，良好的教学行为习惯；对于学生，校长协同教师一起引领学生确立正确的学习观，有良好的学习行为习惯，富有创造性的学习探索精神。

第二，丰富学校教学文化内涵，加强学校教学文化建设。校长要依据一定的教育教学理念，根据学校的具体情况进行规划，建设学校的教学文化系统。比如营造和谐宽松民主的教学氛围，建设书香校园，打造学校特色课程、校本课程。校本课程需要学校教学文化的支撑，同时也影响着学校的校园文化。学校不仅要注重整体发展提高升学率，更要注重全面发展，挖掘学校的校本文化。不仅要培养学生也要成就教师，鼓励教师研究课程，改进教学方法。校长要不断思考、不断探索如何创建基于学校发展的特色文化，依托特色教学文化，为师生打好底色，从而促进学校发展，提升学校的整体水平，使学校走向更高的境界。

第三，建立有效的校园文化评价机制，充分发挥学校教学文化的引领作用。农村初中校园文化建设，从表层来看，容易形成，但是往往不能真正发挥作用，很难被每位教师真正接纳及至践行。学校教学文化的长足发展，需要有科学合理的评价机制。校长应该结合学校实际，制定合理有效的评价机制，引领教职员工将学校教学文化建设作为自己的一项工作职责去履行，用积极人文的文化约束自己的教学行为，并在履职过程中使自己的文化素养得到提升，教学能力得到提高，教学效果得到保证，从而促进学校发展。

校长的教学领导力是提高学校教育教学质量的重要保证。在当今的教育发展态势下，校长必须深刻认识教学领导力的意义，高度重视提升自身的教学领导力，在教学管理领域成为揽瓷器活儿的“金刚钻”，将专业的事专业地做，搞好教学管理，促进学校发展。①

① 本文系作者参加北师大未来教育家培训结业论文，获湖南省论文评比二等奖。

提升核心素质，争办优质学校

今天，我要讲的是校长如何办好优质学校的话题。我担任过10年校长，6年教学副校长，对学校管理工作有自己的切身体验，很乐意跟各位同仁分享，但愿我们的交流是快乐的，同时也是有收获的。

先来界定学校三个层次：标准化—特色化—品牌化。标准化学校（也就是常说的合格学校），属于学校的初级层次，特点是规范管理、制度管理，标准化是学校发展的求同表现；特色化学校，属于学校发展的中级层次，是人文化、制度化结合管理，有科研，有比较成熟的办学经验，优秀的教师队伍，特色化是学校发展的求异表现；品牌学校或称优质学校，质量高，有特色，现代化，达到了文化管理的高度，品牌化是学校发展成熟的标志。

陶行知有句名言："校长是一所学校的灵魂。要想评论一所学校，先要评价它的校长。"毛主席也说："在某种意义上说，一个好校长，就是一所好学校。"一位优秀的校长，能造就一所优秀的学校，一所优秀的学校，能培养一批优秀的人才。我想结合自己当校长的亲身经历，来谈谈如何在提升校长自身素质的基础上，创办出比较优质的学校。

一、让教育充满思想，让思想充满智慧

要想办好优质学校，校长必须具有哪些方面的教育智慧呢？

1. 确立科学、先进的办学理念

校长必须要有独到的办学思想。校长的办学思想，就是校长对于所有教育现象、教育问题、教育规律的看法和认识。校长的办学思想包括校长的学生观、教师观、教育观等方面。有句广告词：“如果你知道去哪儿，全世界都会为你让路。”一个优秀的校长，其办学思想的先进科学与否，决定着一所学校的发展方向，也决定着学校学生的整体素质。

办学思想理性的层次就是办学理念。办学理念指在一定教育观念基础上形成的一种指导学校发展的理想信念，它来源于办学实践又作用于办学实践，是一种理性认识和价值追求，反映教育本质要求。是校长基于“办怎样的学校”和“怎样办好学校”的深层次思考的结晶。办学理念包括：办学宗旨、办学目标、校训、校风、教风、学风，等等。

小学办学理念举例：以人为本，以学生发展为本；六年影响一辈子；为每一位学生的可持续发展奠定基础；让爱心和责任润泽孩子心灵，让方法和激情开启智慧之门；对学生一生的发展和幸福负责；以人为本，内涵发展；为了孩子的明天；人人是才。（我的办学理念）尊重师生，发展师生。

校训是办学理念的精髓，是学校的灵魂，应成为学校的教育哲学，是学校精神面貌的风向标。校训举例：牛津大学：追求卓越；哈佛大学：以柏拉图为友，以亚里士多德为友，更以真理为友；西点军校：国家，荣誉，责任；清华大学：自强不息，厚德载物；北京师范大学：学为人师，行为世范。极具儿童性的校训：好学善玩，友爱上进；我在，春天在，阳光在；做最真的我，做最棒的我；你行，我行，我们一起行。（我替部分学校提炼的校训：真，爱，美，实；童心，童声，童星。）

2. 提炼自己的教育思想

一个有教育理想的校长，办学需形成自己独特的教育思想。从 2015 年上学期开始到今年，我用了将近两年的时间在提炼自己的教育思想，虽不深刻，但这是我真切的体验。初稿是 3 万多字。根据我个人的管理风格，结合办学 10 年的实践体验及学校发展特色，我提炼的是“感动教育”思想。我的提炼过程：始于困惑；进行理论探源；回归教育实践；挖掘教育思想特色。在此给年轻校长的建议：根据个人特质，根据学校规模，学会规划自己的校长职业生涯，学会提炼自己的办学思想，会很有意义，会有意外的收获。

3. 有效传播教育思想

校长要有自己的办学思想，更要把自己先进、科学的办学思想、教育理念转化为全体教职工的思想和行为，只有这样，全校老师才能在一个先进的、科学的办学思想下有统一的认识，有统一的行动，才能落实到学生的成长上，达到教育的真正目的：发展学生。这是一个智慧型校长必须努力追求的目标和方向。

我的做法：

（1）精品故事传播教育思想，用正确的教育理念引导教师。

莫言在获得诺贝尔文学奖后，做了一个主题讲话《我是一个讲故事的人》。这么些年，听过国内很多精彩的讲座，感觉到故事的魅力确实是无穷的。说教永远是苍白的，故事永远是生动的。如果教师不是从内心深处真正理解了校长的思想，那么他们不仅不会去实践，而且也不懂得怎么去实施。这正如食盐的比喻：道理只是盐，直接食用，肯定难以下咽。但是一旦把道理“融”入生动浅显的故事中，烹制成美味的“汤”，教师就能在不知不觉中慢慢地吸收进去。我结合学校教师群体的思想认识实际，大量阅读、收集了许多精品故事，借一个故事传播一种思想，灌输一种理念，让教师们耳目一新，有所收获。

我发现教师们的团队意识比较差，就给老师们讲述了精品故事《红杉树比人聪明》。故事的内涵是红杉树的根互相支持、互相保护，一同抵御了上千年的风雨，靠的就是团队的力量。多次强化，教师们为了维护学校的整体形象付出的实际举动，让学校凝聚力大大增强。故事中传播的精神，已经让老师们基本接纳。面对如今社会“当教师真烦、真累”，一个《心态测试》故事，让老师们理解了故事的精髓“先处理心情，再处理事情”；《天堂和地狱的故事》，告诉教师们学会合作；《屠格涅夫与穷人》的故事，引导教师学会尊重学生，尊重就是爱的精髓……系列故事，让教师们思想上受到启迪，用积极的态度对待工作、对待集体。

（2）每周一语。

每个星期制订周计划时，我总会给老师们送上一句教育经典名言，其实也是在灌输我的教育思想。取名为“每周一语”。如：给每个孩子提供最适合他的教育，让每一个孩子都生动活泼地主动发展；只有阳光的老师，才有阳光的学生；爱是教育最有效的密码；提高教育质量的关键是让教师爱教、会教、教好……我的想法是，我的教育思想未必被所有人接受，但至少可以让少部分人接受，哪怕有一个人接受了，也算是灌输了一种好的教育理念给我的员工，总是会有些益处的。事实证明，学校有一大批教师将我灌输的教育理念落实在自己的实际工作中，让学生受到了更好的教育。

（3）理念共享。

每个学期期末，将所有经典教育名言进行整理提升，编辑成“理念共享”小集子，发给每一位老师。如“激情比学历更重要”“责任重于泰山，学校不能有一个责任的看客”“心态决定成败”……让老师们慢慢品味、消化，不断升华思想，运用于教育教学实践。

（4）搜集提炼校园口号。

我们的口号有：学校荣辱，我的责任；出了校门，我就是城关一校的形象大使等。

实践证明，上述做法效果是比较明显的。

4. 办学思路明确，学校发展规划科学可行

我认为做校长，从短期来看，工作思路要清晰，思路决定出路。无论是做校长，还是在教研室负责，我制定的单位工作年历是必不可少的。这是受到魏书生教育思想的影响，员工们每年每月每个时段做什么事，基本上是清清楚楚，不盲目，不随意，实际执行率达到98%以上。

从长远来看，一定要制定学校发展规划。根据管理学理论，学校发展规划是一种教育规划，是以学校未来为基点，为寻求或维持自身竞争优势而做出的有关全局的筹划或谋略，规划的制定是为了学校的持续发展、科学发展。它建立在对学校发展状况分析的基础上，明确了学校发展的目标、需要解决的问题，是学校发展的蓝图。

校长要想负责任地办一所学校，必须善于制定规划。我参考了《中小学管理》杂志的相关文章，跟大家分享一下学校规划的基本结构：①学校周边情况；②学校基本情况（学校的性质，学校的地理位置，招生区域，办学条件和环境，入学率，巩固率，升学率，教师，学生情况，课程设置情况）；③学校发展现状优劣分析；④办学理念和具体目标；⑤实施策略与有效途径（策略和途径要直指目标）；⑥实施步骤与保障措施。

具体制定过程是比较复杂和艰辛的，但是很有价值。制定的一般程序：①准备阶段：成立学校规划编制小组，拟定编制日程，组织学习培训，发动分析校情；②讨论阶段：提出基本框架，分线拟定规划，汇总提交初稿，广泛征求教工意见；③确立阶段：汇总修订规划，提交代表审议，正式公布送交。

5. 运用管理技巧，提高管理效益

校长必须想大事，想全局的事，让你的下属多思考，自己想办法解决问题，去实现自己的价值。校长只需选方案，而不是拿方案，用更多的时间去思考战略性的问题。我们来看看李希贵校长的一个管理故事：《谁背上了猴子》。

我从参加工作到现在，做过三年学校校长，做过教育局局长，也在教育部工作过。六个单位的经历使我积累了大量的教训，也慢慢总结出了一些基本的方法：

“局长，您看这事怎么办?”

这个时候，我绝对不动脑筋，让所有的脑细胞处于平静状态，我已经有了一句固定的话来回应他，三个字，一个也不要多说。这三个字就是：你说呢？（我想，你在第一线，你最了解情况，又是你的事情，那么“你说呢”，很简单地就把这个球踢回去了。）这个时候，这个下属可能会说：“哎呀，这个事，这个事还没怎么想好。”“没想好是吗？很简单，回去，想好了再来。”他就背着那只可怜的猴子离开了办公室。

第二天，这个下属背着那只猴子又来了。他一进门就说：“局长，那件事我想好了，您看这样办行不行？”我还是不动脑筋，仍然使用一句话来回应他，这句话是我从美国前国务卿基辛格博士那里学来的。他每当遇到这种情况的时候，就会用上这样一句话：“还有没有更好的办法？”

你要我决策，决策是什么，决策就是选择。你仅仅给我提供一种方法叫我怎么选择？叫我怎么决策？在这个时候，他马上会这样说：“哎呀，我只想好了一种方法，第二种方法还没有想好。”（没想好是吗？不用你说什么，他自己就回去了。）

到第三天，第四天，你再也听不到一次次的敲门声了，因为人家连几种方法都想好了，还来找您干吗？

下属慢慢变得善于思考，就会不断成长，于是，我也就有时间去喂养自己的那只猴子。所以有人说，最成功的人士，往往是那些不断努力减少自己工作量的人。”

优秀的校长，一定是会让教育充满思想，让思想充满智慧。实践证明，校长办学有规划，工作有思路，学校就会有出路。

二、有爱心，有责任感

《论语·宪问》子曰：“君子道者三，我无能焉：仁者不忧，知者不惑，勇者不惧。”校长应该具备的一种重要素质，就是“仁者不忧”。

“仁者”，有爱心和责任感的人；“不忧”，不痛苦，不焦虑，不狭隘，不纠结。

师德的内涵是什么？是爱与责任。2014 年 9 月 9 日，习近平总书记在北师大座谈时，要求教师要做“有理想信念、有道德情操、有扎实学识、有仁爱之心”的四有好老师。苏霍姆林斯基也说过“没有爱就没有教育”。

1. 校长必须爱学生

中国儒家的“仁爱”思想、西方基督教的“博爱论”、佛教的“慈悲观”，核心理论就是一个“爱”字。爱生是校长的立业之本，也是教育成功的法宝。

担任了 10 年校长，我离开学校以后，有不少家长对我说，孩子们都很留恋我。作为校长，我为孩子们做过什么吗？我没有做大事——我只是每年在我的工作笔记本扉页上一定会写上一句话“把每一个学生当成自己的孩子来关爱”；我只是在每个学期第一次国旗下讲话的时候对他们直白地说“对于我，你们可以选择爱我或者不爱我；而对于你们，我只能选择爱你们或者更爱你们”；我只是一周问自己三句话“你爱你的学生吗”“你会爱你的学生吗”“你的学生能感受到你的爱吗”，然后再不断地调整自己的爱的方式。我很尊重他们，无论是哪个孩子，跟我说任何事，我都会尽力在第一时间，尽我所能地为他们及时地解决一个又一个小问题；每天早晨站在校门口，微笑着迎接每一个孩子的到来；当孩子们表现特别好的时候，一定会深情地亲亲他们的额头；每年元旦的时候，给全校学生每人发一颗棒棒糖。

有一次，我去听高中语文课，经过洞口一中高二班的教室时，一个身高足有1.75米的高个子男生，竟然很自然地把手举得高高地，给我行了个队礼，用完全变了声的嗓门儿说：“杨校长好！”当时他的举动让所有在场的人都很惊讶：一个这么大的人了，怎么还行队礼？我想，他离开城关一校，至少也有5年了，这5年里，按照常规思维，他是不可能还有行队礼的动作。可就在看到我的那一刻，他不由自主地举起了他长长的手臂。我想，那个看似有点冒失的队礼，说明了孩子们还深深记得他们的杨校长。

2. 校长必须爱教师

一位牧师正在苦思第二天的布道辞，淘气的儿子在旁边搅得他心烦意乱，他实在不知道该如何让儿子安静下来。忽然，牧师看见身旁的一本杂志，便灵机一动，扯下封面。这是一张背面是人像的世界地图。他把封面撕成很多小块，交给淘气的儿子，让他到一边把已成碎片的世界地图重新拼好，并答应奖励儿子一块钱。牧师以为这件事情够儿子忙乎一阵子了，就开始安心构思他的布道辞。可是，不过10分钟，就响起了敲门声。儿子站在书房门口，手里拿着的正是他刚刚拼好的世界地图！牧师大为惊讶，问儿子是如何在这么短的时间内拼好世界地图的。儿子很是得意：“我先按人像来拼碎片，然后反过来就是地图了。只要‘人’

好了，‘世界’也就好了。”

牧师恍然大悟，对儿子说：“太好了！你让我想好了明天的布道辞：只要人好了，世界也就好了。”

学校管理的成功，教师是关键。教师好了，学生也就好了，学校自然就好了。对校长而言，教师的成功就是校长最大的成功。（案例：我是如何对教师实行情感管理的。）

3. 校长的责任心

案例：一个少女到东京帝国酒店做服务员，这是她涉世之初的第一份工作。但她万万没有想到上司安排她洗厕所！上司对她工作质量的要求特别高：必须把马桶冲洗得光洁如新！怎么办？是接受这个工作？还是另谋职业？一位先辈看到了她的犹豫态度，不声不响地为她做了示范。当他把马桶冲洗得光洁如新时，他竟然从中舀了一碗水喝了下去！先辈对工作的态度，使她明白了什么是工作，什么是责任心。从此她漂亮地迈出了职业生涯的第一步，并踏上了成功之路。自然，她所清洗的厕所，一向光洁如新。她也不止一次地喝过马桶里的水。几十年一瞬而过，如今她已是日本政府的邮政大臣。她的名字叫野田圣子。

选择了当校长，我认为，唯一的待遇，就是你有“责任”。每个孩子的安全、校园硬件建设的改造、教学质量的提升等都要操心。在此，我不谈常规的日常管理，我想谈谈作为校长，怎么促进学生的发展。教育的目的，就是为了实现学生的发展，学生的发展通过教师的发展来实现。抓核心工作就是对校长职业的极大负责。学校的核心工作是什么呢？我努力做了以下几点。

（1）大力倡导全体师生读书，营造书香校园。

不读书的民族是没有创造力的民族，没有创造力的民族是没有希望的民族。读书是教师的职业道德，读书，是造就有经验教师和专家教师的必由之路。军人爱武器，孩子爱玩具，教师就应该爱读书。现在的人几乎没有不迷恋手机的，信息管理专家涂子沛认为，当下国民阅读真正的敌人不是电子书，而是朋友圈。因为信息不是知识，随着手指划过屏幕，朋友圈里的大量信息涌向脑部，知识无法从信息中兑现，却损耗了本就稀缺的专注力。所以有人打比方说，看朋友圈海量信息，像对着消防栓喝水，水虽然又急又大，却喝不到几口，还被冲得头昏脑涨。

学校领导不读书，老师怎么会喜欢读书呢？为了引导老师们喜欢读书，我采用以下几个步骤：

第一，荐书读。我本人酷爱读书，看教育杂志，看经典杂志，能及时了解最有时代性的各类畅销书。结合时代精神，给老师推荐最有时代感或最有价值的书籍。如《细节决定成败》《给教师的建议》《谁动了我的奶酪》，等等。

第二，送书读，4 月 23 日是全世界读书日，每年送书给教师——《英才是怎样炼成的》《送给教师的心灵鸡汤》《爱心与教育》，等等。

第三，人人参与读书。校长读—老师读—学生读—家长读（家长读书：举行了全校经典诗文诵读比赛，教师、学生、家长一同参与。）

第四，教师写读名著征文比赛。为了提高教师的写作能力，学校每两年举行一次教师写读书心得比赛，要求教师将读书收获写成文字，学校经过评选、修改，结成教师读书心得集子。

第五，抓写作。读写能力是人终身受益的能力，学校狠抓读书积累，也主张学以致用，借助师生交流日记，鼓励师生共同写作，并延伸到家庭，让家长也参与交流日记。这项活动从 2005 年上学期开始启动，坚持了整整 7 年。我本人也非常乐于写作，迄今为止，关于教育的各类文章已经写了将近 100 万字。女校长感恩日记写了 5 万多字。

（2）通过教学研讨活动改变教师、改变学校。

即使工作再忙再累，我始终把深入课堂听课以及参加教学教改教研活动作为自己最重要的工作。学校的中心工作在教学，教师的真功夫在课堂。

首先，校长亲自上公开课。本人是赛课场上的老兵，有自己明显的课堂教学优势。担任 10 年正校长，每年都要给教师上示范课，主要研究方向是小学作文。为老师们上了一系列作文公开课："看未来科学家的照片""话说广告""一分钟站立""采访奥运火炬手""语言的魅

力”……在我的带动下，学校行政人员每年人人都要上示范课。学校领导带头上课，有利于进行教学思想的引领，教学方法的探讨，也成了学校深钻教学业务的典范，让老师们学有榜样，心悦诚服。

其次，要重视培训青年教师。校长掌握了青年教师，也就掌握了教育的明天。青年教师的业务培训：外出培训，每年派人赴省内外学习；校内培训：请人做讲座，校长亲自做讲座；师徒结对：优秀骨干教师带动年轻教师；青年教师的任何级别的赛课，我都会亲自参与指导，带出了一大批非常优秀的青年教师。青年教师的磨课：每两年一次赛课，教师反复试教，反复修改，在过程中得到磨砺，得到提高。几十个人参赛，学校统一打出详细的分数，评出等级，给予奖励，既有压力，也有动力。

最后，要引领评课。上课不评课，等于白上课。校长、教导主任一项最基本的能力就是必须指导上课，精辟评课。①高屋建瓴，明确导向，学会宏观评课。学校领导必须具备跳出学科评课的本事，具有跨界能力，要学会宏观评课，让教师看到导向，明确方向。宏观评课的特点是必须凝练有高度。②基于课程标准，运用课例，升华观点，学会综合评课。综合评课必须既有理论依据，又有具体生动的课内案例。③现场点评，练就即兴评课的本领。随堂听课，即兴点评，需要抓住课堂最精彩处高度提炼评课案例。

（3）扎实进行课题研究，提升学校办学水平。

学校没有课题，很难办出高水平。问题即课题，进行课题研究不是想象中的那么难，关键是你愿不愿去做。城关一校获得省级奖励的教学课题《农村留守儿童问题研究》就是发现问题，研究现象，确定课题。我的成功做法：①参与面广，每个青年教师必须参加。要想晋升职称，必须参与课题（评职称年轻人必须看课题；评中高、特级，也必须有课题）。②集体智慧：课题方案的制订，经常开研讨会，人人发表意见，反复斟酌修改，最后定案。③课题研究日常化。每个月举行什么活动都有周密的计划。④善于搜集原始资料，很重要的一点。课题方案一旦确定了，关键就是扎扎实实地去做，做了什么，必须搜集整理好相关资料，最原始的资料最有说服力。文字资料，影像资料，很有用。校长、教导主任必须亲自参与，才有发言权，才有指导能力，也才会提高自己。⑤带着感情做课题。做留守儿童课题时，最初只是因为教育局局长要求我们城关一校必须有省级课题，才能提升学校知名度。在做课题的过程中，当我真正走进留守儿童心灵时，被孩子们的处境深深打动，用真心做课题，为留守儿童做了一些力所能及的事，感动了自己。

小结：没有爱便没有教育，爱是教育最有效的密码；优质学校的三大标准之首：高质量，抓教学质量就是校长对教育事业的最大尽责，就是对教育最深沉的热爱。

三、勇者不惧

勇者，有勇气、有胆量，勇于克服困难，勇于改革创新，勇于否定自己，勇于担当；不惧，不害怕、不畏惧。

案例：我的同学周大战。4 月 15 日，周大战名校长工作室正式挂牌。教育部首批全国领航班名校长共64 名，湖南省仅2 名，朴实无华的周大战校长作为唯一一个从农村学校走出来的校长，能光荣入选，靠的是什么？华南师范大学基础教育培训与研究学院院长王红给出了答案："周大战校长身上所表现出来的坚定、执着、智慧和勇气，他在冷水滩马坪学校默默无闻，坚定、执着做了10 年的课程改革的事迹，让我认识到他是一个好校长。"不少人评价周大战时，会说他人如其名——与教育问题死磕，勇于改革，从不怯场。周大战则认为，要有与教育问题大战几百回合的勇气，就需要勇于创新、奋斗不止的精气神。当谈到他的教育梦想时，他的回答很简单——"当一名好校长，办一所好学校，带一批好老师，育一群好学生。"从农村走向省城，大战校长凭着自己的智慧和勇气越战越勇，越战越优秀。

小结：优质学校的核心标志就是文化管理，勇于探索改革，加强校园文化建设，就能提升办学品位，办出高质量的品牌学校（结合自己如何进行校园文化建设，如何积极争取办学经费改善办学条件，如何早在2003 年3 月就将学校电脑联网让师生有世界眼光阐释）。

我不是个强势泼辣、做事大刀阔斧的女人。我一直用女性的智慧、爱心、责任心、勇往直前的执着精神，扎扎实实地从事管理工作。我非常幸运，内心充满感恩：感谢组织一直对我如此精心培养，给了我众多的荣誉；感谢我的同事一直那么理解支持我的工作，感谢学生家长对我那么包容；感谢我的学生对我那么尊敬和喜欢。

最后，我想以台湾诗人周梦蝶的一首小诗结束我们今天的交流。

我是一只小蝴蝶

我不威武，甚至也不绚丽，
但是，我有翅膀，有胆量，
我敢于向天下所有的
以平等待我的眼睛说：
我是一只小蝴蝶！

我是一只小蝴蝶。
世界老时，
我最后老；
世界小时，
我最后小。

而当世界沉默的时候，
世界睡觉的时候，
我不睡觉。
为了明天，
明天的感动和美，
我不睡觉。

衷心祝愿各位：拥有智慧，奉献真情，勇往直前，获得成功！①

---

① 本文为作者的一个管理讲座稿，在邵阳学院为来自全省各地的校长讲座多场，被学员评为最受欢迎的讲座。有删改。

专辑五

我离教育家有多远

教育家有什么特质？教育情怀、专业能力、学识涵养、实践经验……能否成为真正的教育家不得而知。行走在走向教育家的路上，怎么走，走向哪里，却完全可以由自己决定。

心无旁骛地爱着我选择的教育事业，立足自己从事的教学研究工作岗位，敬畏专业，以心相许，重新启程，且行且思，一步步向教育家走近，走近。谨记：知行合一，口言之，身必行之。

我就是为教育而来

每个人来到这个世上都是有使命的，我就是为教育而来。我虽平凡渺小，轻如芥末，微不足道，但我深爱自己从事的教育事业。离开自己心爱的教学岗位已经有 5 年了，曾经的喧嚣渐行渐远，现在，我是一名教研工作者。有幸参加了湖南省首批未来教育家高端培训。回顾这些年，与以前相比，我明显有点慵懒了。通过在北京师范大学为期两年的系统培训，听了那么多高端前沿的学术讲座，接触了 50 多位省内优秀同行，参观了 10 来所国内知名学校，我又找到了教育的激情。如何立足教研岗位，坚守爱教育的初心，为自己的教育人生圈点出新的精彩呢？我在反思，我在梳理，我在归零，回到原点，加入“行动队”，重新启程。

勤学善思，教研者智慧的源泉

两院院士李德仁说：“读书与思维是科学家的两大特点。”其实，任何一个领域的职场人，有了读书与思考的功力，创新才有源头。教学研究工作要想适应新形势，研究者必须博览群书，了解教育发展新动态；丰富学养，获取教育工作的源头活水；立足本职，沉潜深思，生成自己的教育思想，让教育充满思想，让思想充满智慧。才能真正成为校长和教师专业的引领者。

回归读书旨趣，我有了自己的感悟。北京师范大学王葎教授的《多元化时代的价值领导力》让我懂得，只有受到过爱的润泽的人，才能用爱去润泽他人。师德的内涵就是爱与责任。优秀的教育人内心必须盈满爱。教师内心有爱，才能滋养有爱心的下一代人，薪火相传、爱的接力才是人生最动人的风景。教育人内心必须有爱，爱事业，爱学生。光有爱还不行，必须有思想。有思想才能进入事情的本质。教研工作者更应该有自己深刻的哲学思考，丰富的教育思想。反思自己，我的弱点正是过于感性、流于表层，很难深邃深刻，抓住本质。思想来源于思考，思想来源于丰富的理论积累，深入学理论，深入思考，才是一个教育研究者应该具备的专业态度。这些年，我有点陶醉于自己已有的一些业绩和名利；内心不时被社会现实所困扰，一度对自己的教育梦想产生过迷茫并有过消极想法：在经济欠发达地区，在外围环境并不太好的背景下，我这个自诩为深爱教育事业的教育人，走在追求教育理想的路上，会有光明和希望吗？实际上，对个人权威的指望是充满风险的。持久而稳定的个人魅力是什么呢？通过学习和思考，我懂得了真正的境界是对专业的敬重与执着，专业精深才能技压群芳，而并非依仗于个人职位与权威。无论你在什么岗位，位高权重也好，人微言轻也罢，每个人追求教育理想的权利完全是平等的。何况，教研岗位，对我来说，也算得上是一个很好的平台。专注学术，远离权术，捍卫专业尊严，这才是一个教研工作者的境界。

听英国华裔教授顾青的“成功学校的领导力”讲座，对我触动也挺大：第一，英国的小学生人人都要参与全国统一测试，学生的成绩直接影响着政府对校长的评价，直接影响着政府给学校的拨款。在英国，孩子们 11 岁、16 岁有全国统考，由此可见，抓教学质量是国际共识。应试能力强是学生素质高的一个重要方面。我们现在扎实地抓中考、抓学考、抓高考，也是抓好教育教学质量的举措之一。第二，英国优质学校都是有“魂”的。学校的办学理念渗透到了每一个管理者、教师、学生的灵魂里。关于爱，关于帮助，一位孩子是这么说的：“我们的老师是最好的，我们的老师很有爱心，我们不介意我们的老师去帮助比我们弱的学校里的孩子。”这就是一所以爱为灵魂的学校，这就是学生从灵魂深处渗透出的爱。引领校长树立明确的办学理念办学思想，将理念、将思想渗透到每一位管理者、教师、学生的灵魂深处，我作为一名教育局层面的教学管理者，应该在这些方面给基层学校管理者一些管理领域的专业支持。研究、指导、服务、管理，是教研部门的本职工作。引领校长们提升核心素质，办出有灵魂的品牌学校是我研究的方向，也正是我要努力的方向。

知识结构完善，教研者的底蕴

习近平总书记2014 年 9 月 9 日在北京师范大学看望教师代表时说“做好老师，必须要有扎实的学识”。21 世纪是知识经济时代，它强调知识的创新和知识的应用。特别强调教师的文化素质的重要性。苏联教育家马卡连柯说：“学生可以原谅教师的严厉，刻板甚至吹毛求疵，但不能原谅教师不学无术。”只有结构化、系统化的知识才便于迁移。随着时代的进步，“用过去的知识教育现在的孩子，去面对未来的世界”的教育日渐受到挑战。作为一名教研工作者，可谓教师的教师，更应该有完善的知识结构。全国十大人气校长叶翠微说“改善心智，把学习和不断地学习内塑为生命的意义才能拥抱未来”。这些年，我在学科专业知识层面，学习有点蜻蜓点水，浮于表面；在教育学、心理学知识层面，我是有所涉猎但是并不深入；在实践性知识教学方法、手段层面，每天都有学习和记录，在其他综合素养层面，我还是缺少修炼。较之以前，对知识吸收的热情与执着慢慢淡化。自我感觉知识结构单一，缺少结构化、系统化的知识。我现在从事的是教学研究工作，教研教改抓得怎么样，教学质量抓得怎么样，全县 80 多万人都在关注着，我的责任非常重大。若不能具有广博而又精深的专业知识，一定的人文底蕴与科学知识，不能成为本地学术的权威，又哪里有专业上的发言权呢？

对照大师们为未来教育家班学员提出的一项项专业发展要求，为了适应新形势下的教研工作，学什么呢？系统学习教育理论，深入学好学科专业知识、学科教研知识、课程知识，广泛涉猎哲学、文学、管理书籍，提升自己的跨界能力，都是至关重要的。从前年开始，我在努力复习高中语文学科知识，算是给自己加压吧；去年 5 月开始，在北京师范大学教授朱志勇的指点下，我又在深入钻研课题研究方面的知识，我写的《洞口县农村初中校长教学领导力的提升研究》课题研究论文，已经顺利通过北师大教授组织的答辩。今后如何将研究成果用来指导校长的实践工作，是我最应该去探究的。如何将自己的“感动教育思想”提炼得更有理论支撑更有实践价值，也需要不断完善知识结构，才能具有一定的学术指导价值。完善知识结构，势在必行。

担当，教研者的使命

提到教育，我们无疑会提及孔子。我在想，是一种什么精神、需有多大的责任与担当意识，才能产生如此让人顶礼膜拜的教育圣人？

“孔子曰：‘其身正，不令而行。’执教者为人模范，应以身作则，尽忠教育，始足化民成俗，培植人才。窃以为献身教育者，虽不能如马融之出资讲学，郑玄之耕田自给；亦应效古教育家之动机纯正，秉诚教导，始能达到国家所期望之目的。”这些经典，道出了教育管理者应有的社会担当。我这辈子注定是为教育而来，我能为教育做点什么？身居教研岗位，现为教研室领头人，我的担当是什么呢？是本县课程与教学理论的探索者，是6000 多名教师专业的引领者，是 11 万学子学习成绩评价的策划与指导者，是洞口县教学质量高低的责任人。责任之大，唯有实力，唯有实干，唯有实效，才能承重。

和湖南省未来教育家班的同学一起探讨教研的话题时，省内名校长周艳说的一句话让我深思：“县级教研负责人，如果不是本地教学业务的权威，不是教育管理的行家，不是课程改革的专家，注定就没有教育领域的发言权。”想起了退休的老主任李本林，他博学精深，思想深刻，有广度、有深度、有温度，这是他调研的结果、学习的结果、思考的结果。

因为有实力，大家服他。局长曾经这么评价他：“李主任的高考报告不是做得好，是做得非同凡响地好。”剖析自我，没有从事过高中教育，现在工作的岗位又避免不了要研究指导高中教育。我又该用何等敬业的态度，来学习、来思考、来践行，才不至于贻笑大方呢？我在本地教育界，能掷地有声吗？为了掷地有声，为了教育的担当，必须强化自己的专业精神，丰富自己的专业知识，提升自己的专业能力；必须努力行动，走进校园，走进课堂，走进师生心灵；必须深入思考，不耻下问，不断归纳总结，以高度的责任心，使出洪荒之力，才能不辱使命。

安静，教研者的境界

有人说，这是一个浮躁的社会。而无论社会如何喧嚣，教育人，尤其是教研人，必须要坚守安静。哲学家周国平说，人生最好的境界是丰富的安静。老子哲学也以静为根，古人亦有“宁静致远”的情操。我更愿意把它理解为一种心态，即内心的平和与淡然。纵观历朝成功人士，他们的心灵是安静的。给我印象最深的是学校组织学员们到国子监参观学习，在国子监展览室里看到明代赵秉忠殿试第一甲第一名状元卷，那么干净，字迹那么秀美，文采那么斐然。真的，该要有何等静心学习思考的精神，才能完成那么艺术般精美的答卷。

沉稳是智者的行为。现在不少人过于浮躁、功利。办学校盲目跟风者大有人在；课堂教学，求形式新颖、教室热闹的大有人在。想起了爱丽丝·门罗说过的一句话“我们可以失望，但不能虚假。”钦佩《聚龙宣言》倡导的“教真语文，教实语文，教好语文”。我自己，做了21年语文教师，做了10年校长，在教研室岗位也已经打拼了5年。离开课堂看课堂，跳出学校看学校，反思自己的教学行为，办学行为，研究行为，呈现的是表面的喧哗，缺少的正是那份沉淀、那份厚重、那种底蕴。教学研究是需要用心的，用心是需要安静的。从今以后，我若在教研领域前行得有力有效，唯有谨记：安静、沉潜。因为“万事从一起，万物静中得”。为了给一线校长、教师更多的专业支持，我需要用踏踏实实、扎

扎实实、安安静静的态度去学习、去研究、去实践、去总结。力求基于本县实际，提炼出我的教育思想，让我的教育思想达到一定的理论高度，有较高的学术含量。真如此，也算是对教育事业的一份小小贡献了。

专业，教研者的追求

教研是基础教育质量提升的重要“密码”。在课程改革背景之下，身在教研部门，面对教育新挑战、新问题，如何实现教研的传承与创新？教研员，必须成为教育教学工作的侦察兵、排头兵。才能使教研在教育教学质量的提升上真正发挥作用。我现在的追求是什么呢？是专业素养、研究能力的全面提升；是主动去行政化，加强专业性，从教研员能力重构开始，完善自己的能力结构，使自己从经验型教师成为课程领导者；是引领洞口县专职兼职教研团队成为专业的人，为全县教育事业做专业的事。

我该做什么？必须修炼研究内功，思考教研工作的本质。“教研是以促进学生健康成长和教师专业发展为目的，以学校课程实施过程和教育教学过程中教师所面对的学生以及各种具体的教育教学问题为研究对象，以教师为研究主体，以专业研究人员为合作伙伴的实践性研究活动”。教师的专业化发展是教研的核心价值之一；学生的健康成长是教研的最核心价值。我必须读懂时代，在教育观念、专业素养、研究能力、服务精神等方面实现全面提升；读懂学校，明晰研究与引领的关系，做课程落地的“转化者”；读懂教师，做教师的专业“领跑者”，用专业引领教师发展的自觉；读懂理论与实践的关系，做到教而研、研而教。

越朴素的研究才越有价值。必须要深入学校、深入课堂、深入教师、深入学生，对常规教学工作、课堂教学改革、教学质量评价等问题进行深入研究分析，科学指导和引领全县的教学工作，进行接地气的教研。

必须要具有前瞻性，面向未来进行教学研究。要让县教研室成为全县的课程建设中心、教学指导中心、质量评价中心、教育决策支撑中心和服务中心。要想达到如此之“中心”，需要探究的，需要学习的，需要思考的，需要行动的，太多，太多。

清代著名诗人纳兰性德说："人生若只如初见，何事秋风悲画扇?"阐述的是初见的纯净、美好、淡然。曾经的我，对教育事业是多么地热爱，甚至可以牺牲多少个人利益为教育事业"捧出一颗心来，不带半根草去"。这些年，受一些社会因素影响，我的斗志有些减弱。在这个价值多元化的现时代，虽然功利幸福有一定的正当性，但毕竟我是有着深深教育情怀的人，是有教育梦想的人。我坚守了几十年的信仰，不能因为受现实的影响而改变。本次培训，再次唤醒了我的教育激情。我在思考：我的教育原点是什么？不能局限于课堂，不能局限于学校，也不能局限于我现在的教研室岗位。我的教育原点就是我对教育的初见之心：心无旁骛地爱着我自己选择的教育事业，立足自己岗位，敬畏专业，以心相许，重新启程，且行且思，一步步向教育家走近，走近。谨记：知行合一，口言之，身必行之。①

① 本文系作者2016年5月参加北京师范大学未来教育家培训后写的心得体会。

上德不德，是以有德

老子在《道德经·三十八章》的开篇里论述“上德不德，是以有德；下德不失德，是以无德”。意为最有德行的人不想着有德，自然会有德；德行不高的人，总想不失去德行，其实并没有德行。反思自己近年来的思想行为，总觉得多了些骄傲浮躁少了些虚心和踏实。以老子的此言为学习心得的标题，自然是有用意的。本次学习，聆听专家讲座和师德典型的报告，内心敬仰他们，也渴望在思想境界上离他们近点更近点。对一名现代知识女性来说，智慧最重要，德行最重要，静心增智，修德养廉最重要。深知通过实践可以增长才干，通过奉献可以成就事业。之所以年已 45 岁了，依然对学习有浓厚的兴趣，只是想通过学习提升素质，丰富自己。有人说培训是最大的福利，是啊，培训让我获取大量的知识，更新观念，提升理论素养，扩大视野，学到技术等等。我想，这近 10 天的培训对我来说，无疑又有了全方位的收获。

感人心者，莫先乎情

白居易在《与元九书》一文中说：“感人心者，莫先乎情，莫始乎言，莫切乎声，莫深乎义。”本次学习，收获了太多的感动，好几次都是热泪盈眶。

首先被培训部的人文关怀深深感动了。我是个非常幸运的人，参加过数十次的国省级培训，可把我们的生活安排得如此周到的，却还是第一次遇到：舒适的住宿条件、丰盛的一日三餐、情趣盎然的各类活动、安静清新的室外环境，学习、生活一体化的硬件设施，真的好温暖。当开班第一天看到凌云志老师赠送的“小礼物”时，我流泪了。我没想到培训部是如此用心地在做培训，关注每一个学员，关注每一个学员的每一个细节。这份“见面礼”如一股甘泉，滋润着我的心田。如此深切的人文关怀，不正好彰显了培训团队成员高尚的师德吗？师德培训彰显出培训者的高尚师德，令人信服。

接下来，被一个个同伴的事迹感动着。盘晓红的执着、质朴、无私；谭兰霞的坚守、博爱、睿智；李小龙的智慧、廉洁、大气；周艳的美丽、诗意、创新；谭华勇的刻苦、乐观、专业；王佩的勇敢、顽强、豁达……都是源于他们内心深处对教育事业对学校对学生深深的爱。19 日下午，我和年轻的师德典型李小龙老师进行了较为入心的交流。我问他：“你在县城有房子吗？”他说：“我除开公益，一无所有，在县城当然没有房子！”我再问：“到底是基于什么，让你如此热衷于公益？”他憨直地说：“因为热爱。”是的，是因为爱，这群湖湘师德典型们书写着感动三湘大地、感动中国的人生。我深刻地领会了师德的内涵就是“爱和责任”。正因为爱，才会充满了激情；正因为爱，才会满怀责任；正因为有爱有责任，才会用高素质高奉献去实现高效果。

18 日下午黄佑生老师组织学员们讨论“为什么师德典型里有这么多悲苦和不幸的故事”；“新时期是否要宣传这种悲情师德典型”？这个问题引发了我的思考。虽然我不是一个悲情师德典型，但是我们没有理由不尊重悲情典型。任何悲情都不是追求，而只是出于无奈。就在有些学员口若悬河地否定悲情典型的时候，我注意观察了才有、叶梅、华勇、王佩等几位特殊的师德典型的表情，我分明看到了他们脸上写着的是委屈、是无奈、是伤感。试想，当一个人肢体残缺，或者是身患绝症后，依然能保持乐观向上的态度，以顽强的毅力在教育事业上孜孜以求，无

私奉献，这哪里仅仅是一种境界？这分明就是一种伟大啊！所以，我想说，他们的行动震撼着我，今天，明天，每一天。

每一位授课专家虽然授课内容不同，授课风格各异，但是他们都对教育有深刻的理解，颇有深度；都有渊博的知识，学养深厚，拥有广度；无论年老年轻的教师，在课堂上都充满了激情，让我们这些学员体会到教育的温度。18 日下午，有一位身材矮小的男人在教室后专注地听课。19 日早餐，通过聊天，才知道他是从广东省中山市赶来的授课专家。19 日早上 8 点 20 分不到，这位先生在教室前头比画着什么。我问："老师，您今天上午要给我们上课吗？"他说："不，我是今天下午的课，我是来看看如何设置课堂场地的。"多么敬业的教授啊，竟然提早这么久来做上课准备。19 日午休后，我在揣摩，这位老师下午肯定会提早进入课堂。为了证实我的猜测，我 2 点过 3 分走进教室，不出所料，这位老师早就在那里做授课准备了。功夫不负有心人，赵教授讲述的关于师德培训方法的课非常成功，让学员们学到了许多可操作性的方法……凡此种种，是另一种感动，是授课者口如悬河、深入浅出地剖析的才华魅力带给我的感动，是授课教师高度敬业的精神带给我的感动。

我们不能没有信仰

学员分享环节，湖南理工大学的甘教授在点评学员周艳的微讲座《站成校园的一棵树》时谈道："众多的师德典型为了自己的工作对象越级越界做了许多事，精神非常可嘉。但是在社会上，不论是教师群体还是其他行业，不高尚的甚至是不尽责的人还比比皆是。这是什么原因？关键是人必须要有信仰。无论是政治信仰还是宗教信仰，都会使得我们的人生更有意义。"

我想起了几年前，14 岁的儿子曾问我："妈妈，信仰、信念到底是什么啊，它怎么那么神奇？"我问他"为什么问这个问题"。他说："我正在背历史，7 世纪初，穆罕默德创立的伊斯兰教促使了阿拉伯半岛国家的统一。老师说信仰的力量是无穷的。”作为一名已有20年党龄的共产党员，我深知，信仰、信念的力量的确是有震撼力的。

担任校长十多年，出于对教育事业深深的热爱，我内心深处多么渴望带出一支真心热爱教育事业、师德高尚、业务精湛的教师队伍，以这样一支优秀的教师队伍，再培育出一批批合格的小学生，为高一级学校输送好人才。事实上，受市场经济大潮的冲击，社会上不少的人都显得比较浮躁功利，注重眼前利益，看重金钱效益。教师队伍明显地出现了信仰危机。我本人，这些年自从评上了特级以后，以为自己拼到头了，常因为遇到一些工作的挫折就开始怀疑自己的理想是否还能继续坚守？作为本地教学领域的领军人物，如何用老师们乐于接受的教育方式引导他们确立信仰、追求信仰、坚守信仰，执着地热爱并奉献于教育事业，无疑是我应该深入思考的问题。

培训，让我又找到了信仰的新的力量。盘晓红，几十年如一日地关爱留守儿童，深处山区，不忘思考如何践行有效德育，可谓“位卑未敢忘忧国”。她创设的“美心教育”让一方儿童受益，让一方家长受益，让一方社会受益，这就是对党的教育事业的忠诚，这就是一种崇高的信仰。李小龙、谭兰霞，这两个80后的年轻人，也正是对教育事业的一种忠诚和信仰，拥有了博爱之心，那么虔诚而无私地关爱着一个个弱势儿童，为一切需要爱的人付出大爱。

为什么现在有些教师信仰缺失、德行欠缺？我在想，我们缺少的正是理想主义，小到一个学校，大至一个国家、一个民族，如果没有了理想主义，那是没有希望的学校，是没有希望的国家，是没有希望的民族！作为教育工作者，我们今天所做的工作从眼前来看未必见到好处，而从长远来看一定是有价值的，我们所做的工作是关乎学生一生的工作。

“老师身上是否有着理想主义的闪光，将决定着学生的未来！有了有理想的教师，才可能教出有理想的孩子。”作为有教育使命感的教育人，我该如何以自身榜样的力量，让老师们身处经济欠发达地区却仍能坚定

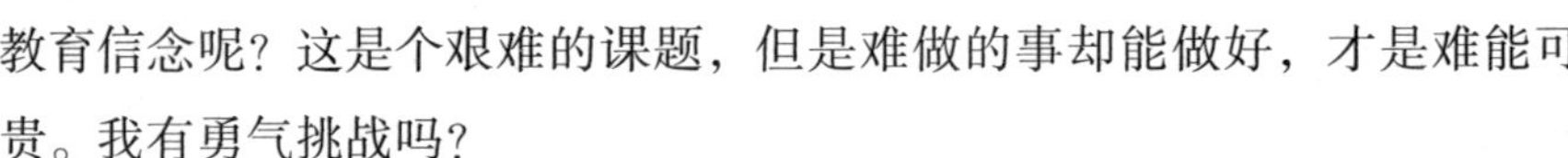

教育信念呢？这是个艰难的课题，但是难做的事却能做好，才是难能可贵。我有勇气挑战吗？

做教育永远的追梦人

一直以来，我特别喜欢《梦想皆有神助》一文。文章说，当有人让2002年诺贝尔文学奖获得者伊姆雷谈他的获奖后的感受时，他说：“没有什么感受！我只知道，当你说我就喜欢做这件事、多困难我都不在乎时，上帝就会抽身来帮你。”作者在文章最后如是说：“梦想皆有神助！在新世纪里，伊姆雷成为第一位证明人。预言家说，还会有第二位，就藏在有梦想的人中间。”一直以来，我也是有教育梦想的人。本次培训，聆听师德典型们的激情演讲，品味他们的教育故事，让我感慨万千。益阳市教科院傅伟雄老师谈自己的语文教育追梦之路，教育思想生成之路，听后感触更深。我想起了自己的教育梦：用爱和责任，用勇气和智慧，用文化和知识，去引领一个区域的教育向前发展。怎样才能离梦想近点更近点？

结合自己现在从事的教研工作，审视自己的灵魂和工作实际，我觉得自己在众多方面的表现都是每况愈下的。自认为现在制约我实现梦想的几大瓶颈如下：

第一，没有较高的学养。如果说做小学校长我还能胜任的话，现在担任教研室负责人，需要指导全县小学、初中、高中的教学，越来越感觉到自己的知识结构单一。国内外学者一般认为，教师的知识结构至少包括三个部分：专业知识、科学文化基础知识与教育学、心理学知识。知识是有力量的，要想具备上述种种知识，必须要善于学习、勤于积累。丰富专业知识，提升专业能力，引领教师专业发展，就是一个教研人最高的师德修养。

第二，没有丰厚的理论功底，理性思维不够。我常在想，这些年，沉潜下去读了多少书？参与培训的日日夜夜，也仅仅是停留于白天听讲座，晚上写体会，在这个高手如云的师德讲堂学员团队，我倍感自己的浅薄。20 日晚上，和几个校长同学探讨目前在教学中普遍存在"启发式"教学三误区：误区一，启发式教学是一种教学方法；误区二，启发式教学是问答法；误区三，讲授法一定不是启发式教学。有校长朋友们认为我来自教研部门，一定能给出精准的专业解读。我虽然能谈出一两点自己的思考，但自认为本人的观点并没有新意和高度。为什么？读得少了，深入课堂少了，思考少了，认识的高度低了。教研员应该是教育理论与教育实践的"中介"，要做教师教学、课程、评价的引领者，必须要有丰富的教育教学理论作为基础。我，确实需要吸收和积淀。

第三，教科研能力不强。作为一名专职科研工作者，加强教育科研能力的提升，既是事业发展的需要，也是自身发展的需要，更是师德的体现。如果本人单有勤勉踏实的工作态度，而不注意学习教育理论，不善于总结自己和他人的成功经验或失败教训，这样的教研员，充其量也只能成为知识的机械传递者，只能是一名忙忙碌碌的"匠人"。既然选择了教研岗位，教育科研就成了自己成长与发展的必由之路。由于学习不够，调研不够，思考不够，本人的课程指导能力、课题研究能力都亟待加强。

说实话，我钦佩悲情师德典型，但我更欣赏智慧型、学者型的师德典型。我想，再完美的人也会有缺点，如果我敢于正视问题，善于反思，回到教育本身，在反思中改进，一定就能在反思中进步，成长为一个学养深厚、专业精深、德行高尚的学者型师德典型。

本次培训，收获的还有很多很多。与每个学员的交流，也给我多方面的启示：教师不幸，政府有责；敬业必须精业；学者型智慧型师德典型与奉献型师德典型都有社会价值……

感叹岁月总如白驹过隙般匆匆，进入"不惑"之年已有几年，慢慢地奔赴"知天命"之年了，我有幸在自己喜欢的事业上追求着、实践着，更有幸参加了这么一次洗涤灵魂的师德讲堂培训，让自己的灵魂又一次被清洗。

想起了弗洛伊德的诗："如果不能做你的天空，给你整个世界的爱，那么让我做一轮月亮，在想念你的晚上，可以用一帘月光，轻抚你的脸庞。"也许，我不能把我的整个人生交给我从事的教育事业，但我有深深的教育情怀。既然选择了教育，我愿意把我的智慧和心血尽力倾注在教育事业上。我在追求：德行上，成为"上德之人"；学识上，能"为人之师"。"厚德博学""为人师表"是每一个教育工作者所追求的最高境界。教育追梦之路上，修行，养德，前行又前行。①

① 本文系作者参加湖南省首届师德讲堂培训心得体会，发表在湖南省中小学教师发展网上。

我离教育家有多远

意外惊喜，今年以全省同领域第 5 名的成绩被选为湖南省首批未来教育家培养对象。“教育家”突然成为我大脑里的“热词”。教育家有什么特质？教育情怀、专业能力、学识涵养、实践经验……能否成为真正的教育家？不得而知，行走在成为教育家的路上，怎么走，走向哪里，却完全可以由自己决定。“如果你知道自己要去哪里，全世界都会为你让路”。机遇总是降临于有准备的人，而有准备，就是要有规划。为了梦想，做好准备。有计划地走好每一步，让今后的教育之路越走越有风景，等待开花，等待结果。

我的“教育家之梦”发展规划：

1. 教育生涯确定的总体目标

完善道德；创新思想；勤于实践；创造经验；带领团队。

2. 自我分析有利及不利因素

成为教育家的有利因素分析：

（1）经历因素：担任过 10 年大型小学校长，积淀了一定的教育管理经验；20 年的语文教学实践，有丰富的语文教学经验，在小学作文教学方面有较深入的研究，有一定的理论思考；5 年家庭教育讲座的经历，30 万育儿日记的积累，对家庭教育有一定的思考和研究；4 年县级教研室负责人的经历，对小学、初中、高中三个学段的教育教学情况都有所了解和思考。

（2）能力特长因素：本人有较强的口头表达和书面表达能力；有一定的人际交往能力。

（3）在省市县有一定的社会知名度，外围发展条件比较优越。

（4）参加了多次国家级、省级培训，有较宽的教育视野。

（5）有较高的道德修养。

成为教育家的主客观不利因素：

（1）地处经济欠发达地区，缺少专家指导，缺少专业引领，缺少同伴互助。

（2）读教育理论专著少，理论高度不够，对教育缺少深度思考。

（3）在高中教育领域缺少课堂教学和管理实践经验，话语权力度不够。

（4）创新精神和创新能力不够。

（5）知识结构不够完善，跨界能力欠缺。

3. 实现目标确定的阶段

（1）短期目标（2014～2016 年）。

利用 3 年时间，加强教育理论修养。①新购买教育类书籍 20 本左右，每年至少读两本国内外教育理论专著；②珍惜在北京师范大学集中培训的机会，向北京师范大学资深教授请教关于教育的诸多问题；③每年撰写一篇质量高的综合性理论文章，总结自己的实践经验，提升理论水平；④利用 3 年时间，勤于调研，勤于实践，走进各学段课堂，了解教学模式，熟悉各学段教学的要点和各个流程；⑤着手整理自己的教育论文、随笔等，形成《我为教育而来》书稿雏形。

（2）中期目标（2017～2021 年）。

第一，提炼自己的教育思想；第二，将自己教育教学教研及家庭教育实践体验和理论思考结集出版；第三，创造出可以推广的课堂教学改革经验；第四，带领一个德才兼备的教育精英团队；第五，力求在省内有一定影响，传播自己的教育思想，成为本地教育领域的领军人物。

（3）长期目标（2022 年以后）。

第一，形成自己的教育思想；第二，出版 2～3 部教育专著；第三，带出专业的教研团队；第四，成为有独特思想的教育明师。

4. 职业规划实施策略

第一，加强自身品行修炼。道生于安静，道生于谦卑。老子说“守静笃”。意思是使生活清净，坚守不变。《周易》言“谦，德之柄也”意思是谦卑礼让，德行高。真正的教育家，不仅学术精湛，更注重完善自己的道德，修炼自己的操行。源于对教育事业的执着，我会始终坚持用“爱”与“责任”去从事教育工作；安静沉潜地做学问，谦卑低调地做人。

第二，厚基础，强学习。其一，“学然后知不足”，加强专业和非专业的学习，使自己具有坚实的知识储备，有跨界的教学指导能力。其二，他山之石，可以攻玉。多和老师、学生交流、讨论，掌握丰富的第一手案例，让自己的教研接地气；经常向全国各地的各类同学资源借力，让自己的思想有前瞻性；向本地区专家多请教，让自己的教育思想不偏离正确轨道；向外行学习，博众家之长思考教育，有跳出教育研究教育的眼界和能力。

第三，身体力行，勤于实践。古今中外教育家，没有不是行动的巨人。我现在在县教研室负责，非常有利于从事教育教学研究，但容易脱离一线。计划在县域内确定小学、初中、高中各一所学校作为教育研究实践学校，将工作重心下移，多下学校，多进课堂，全方位了解教师教的现状，学生学习困惑与需求；身体力行，走上课堂亲自上课，走进学生心灵，了解学生，发展学生，做有效教研。

第四，审视不足，善于反思。苏格拉底说，未经审视的生活是无价值的。过去的成功是我的财富，过去的错误也是我的财富。反思能使人走向成熟，变得深邃，臻于完善。坚持反思，设立专门的教育反思笔记本。

第五，加强锻炼，确保健康。年近五十，必须养成良好的锻炼、饮食、生活习惯。安排充分的时间锻炼身体。计划每周爬山一次，每天阔步疾走一个小时，释放压力，增强体质。做健康快乐的教育人。

俗话说：“三分策划，七分执行。”哲人说：“成功是百分之五的战略加百分之九十五的执行。”为了梦想，我愿心无旁骛地去努力追求。

教育家，行走在路上。

位卑未敢忘忧国

尊敬的各位领导，各位代表：

我叫杨晚云，是一名来自基层的普通教育工作者。我深知在这种场合发言，我是人微言轻。但是，南宋著名爱国诗人陆游在《病起书怀》里有这么一句话："位卑未敢忘忧国，事定犹须待阖棺。"我想，我的身后是邵阳100多万名学生和近10万名教师，所以还是想借此机会说说我最想说的两点意思。

一、关于教育问题的一点思考

我想抛出的问题是城镇大班额问题如何解决？

据我调查，现在邵阳市区及各县区城镇大班额问题依然十分严重。资江小学中高年级班平均数是88人以上，低年级有所控制，也在70人以上；邵阳县第一实验小学，最多的一个班级达到103人，隆回、武冈等城镇小学班平均数也达到80多人；我县城关一校小学一年级每个班平均人数已经达到95人，竹山小学班平均数80多人。城关中学每个班级最多的90多人，班级平均人数70多人。国家规定的人数是小学城镇每班不超过45人，农村小学酌减，初中不超过50人。

大班额的危害众所周知：班级人员、桌凳拥挤，必然导致空气质量较差、活动空间窄小，严重危害学生的身心健康；过大的班级规模不利于师生之间、生生之间的互动，不利于教师详细批阅作业。据我所知，一个班级八九十个人，大概有三分之一的孩子几乎在课堂上得不到关注。按照常理，优秀的孩子长大后往往是朝大城市发展，更多的普通孩子才是洞口、邵阳未来的建设者，可这些家乡未来的建设者的主力军却得不到更好的关注。于老师来说，现在绝大部分城镇老师上课都是带扩音器的，因为不带扩音器，很难保证每个学生能听到课。老师由于长期拼命加大嗓门儿，患咽喉炎的概率非常高。更为严重的是，大班额存在很大的安全隐患，别说地震、火灾了，就是平时的学生活动也要注意防止踩踏事故。现在的学生心理问题也很严重，我处理过两次学生欲跳楼事件，好在发现及时，没有造成后果。学生一多，教师关注就少，这种隐患自然是存在的。

个人认为解决问题的对策有以下几种：

第一，地方政府在制定区域发展规划的过程中，教育规划一定要列入区域发展规划的范畴中，要保证教育规划得到率先高质量的落实。2010 年 12 月我参与了洞口县“十二五”规划的讨论会，洞口县“十二五”规划了新建城北、城东两所学校，扩建城南、城西两所小学，非常渴望能尽快督促城北思源学校如期动工建设，尽早投入使用，可以增加将近 3000 个学位，对县城大班额肯定有所缓解。

第二，建议实行“学区”捆绑法，充分提高优质学校的利用率。个人觉得，我工作了 12 年的城关一校是一所比较有底蕴的地方名校，学校管理、师资力量都不错，能否打破学校“围墙”，实行强弱学校间的联合办学，学区内互派老师，统一教学，是否可以和城区团结小学、新平小学、金屋小学联合起来，实现教育资源共享，对学生实行分流。

第三，建议实行教师校际轮岗制度。教育发展的不均衡主要表现在办学条件、师资力量、学校管理等方面。我个人认为最重要的还是师资力量和学校管理。建议利用行政手段推行校长、教师定期轮岗制度。优质学校的老师、校长可以到相对薄弱学校进行支教、支管，也可以实行“名师流动”办法，陆续将部分名师调到新建学校或薄弱学校工

作几年，带动新建学校、薄弱学校的发展，以均衡教育资源。我县前几年实施了城区教师支教，效果很不错。教师支教、领导支管举措，应该要坚持。

二、关于社会问题的一点思考

不知在座的各位是否注意，我们常能在不同场合听到不同身份的人发牢骚“现在官场一片黑暗”“领导都是瞎了眼睛的”；平时上网的人肯定也注意到，网上今天炒作某个局长以权谋私，明天炒作某个书记家财万贯，后天又炒作某位校长生活作风腐败，一些不知情的外乡人就随声附和，大说特说洞口、邵阳的不是。针对这种现象，我想建议：

加强爱县、爱市教育。站在洞口和邵阳的角度，我想必须大力倡导爱县爱市教育。

我看过这么一个小案例：一个日本女校长下校巡视工作，看到地上有一张垃圾纸。一个小孩走过去捡起就扔到垃圾箱里去了。女校长走过去亲切地说：“孩子，我知道这张纸不是你丢的，为什么要把它捡起来呢?”孩子说：“校长，这是我的责任。”我看了很感动，然后进行观察，经历了多次，得到的是同一种答案：“孩子，地上有一张垃圾纸，你可以捡起来吗?”孩子都是这样说的：“校长，这不是我丢的。”言外之意就是“因为不是我丢的，当然不能由我来捡拾。”这以后，我在校园中提出了两个口号：学校荣辱，我的责任；出了校门，我就是城关一校的形象大使。为了让这两句口号落实在行动上，我在师生中做了大量的相关责任教育和形象教育工作，效果非常好。

我在想，如果每个洞口人，每个邵阳人，都能牢记：“洞口荣辱，我的责任”“邵阳荣辱，我的责任”，而不是别人的责任，然后立足本职尽自己最大的能力尽好自己该尽的职责。出了县门，我就是洞口的形象大使；出了市门，我就是邵阳的形象大使。无论何时何地，都能用良好的形象来约束自己。那么，我们洞口、我们邵阳的整体形象一定会变得越来越好。

鲁迅有句名言："无穷的远方，无数的人们，都与我有关。"我不是大师，我也不能为本地经济建设创造出财富，但是作为一名市人大代表，一位非常热爱教育事业的教育工作者，我真诚地希望通过我的呼吁，让我们更多的孩子受到更好的教育；希望从我做起，严格要求自己，让我们洞口、我们邵阳人的形象更加美好。[①]

① 本文为作者 2012 年在邵阳市人大会议期间参加代表团讨论会时的发言内容。

关于教育问题的断想

断想一

一个偶然的机会，我进入了梦寐以求的北京十一学校，现场体验了学校课堂教学改革的独特性与实效性。校长李希贵谈道："我们为什么这样去办一所学校，就是因为我们希望，在这样一个校园里，听到孩子们快乐欢呼的声音。有些人要给教育下一个定义，我特别欣赏一个叫马克思的教育家说的一句话，他说，教育就是一个迷恋他人成长的学问。所以在我们的校园里，迷恋着孩子们成长，我们要把学校变成一个孩子们向往的新学校。"

在校园里，我看到了李校长亲笔书写的道歉信，全信内容如下："亲爱的同学们，因国际部大楼改建工程顺延至明年暑期，原定 2014 年实事实办之'学生影院建设工程作为改建工程的一部分顺延至明年进行，为此我向全体同学道歉。李希贵 2014 年 10 月 12 日。"

跟十一学校的孩子交流，感觉到孩子们真的很快乐，他们脸上洋溢的笑意是真诚的。苏霍姆林斯基说："教育者的使命就是让孩子各方面和谐发展，这种和谐发展的前提是对每一个学生个性的尊重。"一个校长，只有真心把孩子们放在心上，才敢于坦诚地向学生道歉。生活在时刻被校长放在心上的校园里，至少孩子们的内心是轻松的。爱的精髓，就是尊重。处处被尊重的成长环境，孩子们能不向往吗？

断想二

周国平老师微博里这样一段话转发频率很高：“我认识一位校长，在当地最好的中学任职，这所学校考上北大、清华的很多，考北师大的算差的。怎么做到的？全封闭管理，两周休息一天。在应试体制下，不这样做，他的学校就会出局。他见我的第一面就说：周老师，我们这些人都是历史的罪人。我们将来是要受历史的审判的。”

高考的高压，压着校长，压着教师，压着孩子，也压着家长。某重点高中某位女教师的皮肤很白很白，女性朋友问她的保养秘诀，谓之：“教了一年高三，每天清早天不亮赶到学校，每天晚上至少十点后才能回家，几乎一年没见过太阳，所以白了。”皮肤是苍白的，回答有点沧桑。

犬子 2014 年高考。2013 年除夕夜，孩子学习到晚上 11 点；2014 年正月初一，孩子早上 7 点半吃早饭；8 点至 8 点半到邻居家拜年；9 点开始学习，至晚上 11 点。“为什么你们家孩子不去老家拜年？”邻居问。“每天必须学满 10 小时，同学们彼此承诺过。”孩子说。

校长愿意成为历史的罪人吗？老师想用不见阳光来美白吗？父母心甘让孩子不讲亲情吗？孩子乐于枯燥繁重的学习吗？答案当然是否定的。

作为教育人，作为家长，我在想：高考制度，必须坚持，毕竟考试才是相对公平的；如何能让孩子们把使出浑身解数的竞争分数的精力减少一定的比例，留给他们一些自由活动的时间，去做一些学习以外的积极的事情呢？

前些日子，亲临沪浙感受他们的新高考改革。两地的改革聚焦点是强调培养学生的综合素质，课程与教学改革以增加选择性为基本逻辑，以未来适应性为基本目标，以满足个性化为基本要求，全方位地满足学

生的兴趣特长发展，对每个学生参加社团活动、社会实践活动都有严格的学时规定；学校、社区对学生的真实表现进行客观如实描述，而不能做任何评价，高校将参考综合素质评价录取新生。

湖南的高考改革也指日可待，改革若能将顶层设计者的理念落到实处，孩子们既要分数，也要分数以外的体验，或许能让孩子们从题海战术中有所解脱，而我们看到的，必将是孩子们更精彩的人生。

断想三

孩子备战高考前，我看到了常州市教育局局长丁伟写的《美国女生给我的六个惊诧》一文，其中有个惊诧让我很是惊诧。

惊诧之三：我看到美国女孩子的护照已经很破旧了，就很好奇地问："你走过了哪些国家?"美国女孩的回答让我第三次被惊到了："这是我的第三本护照，大概走过了30个国家。"看着我惊诧的表情，她解释说："一般假期，我们学校都组织同学出去游学。这次是第一次到中国，主要去上海、南京、北京和西安。"这四个城市是家长和老师们精心挑选出来的，基本代表了中国的过去和现在。我在暗自佩服的同时不由得发问："你们这样周游世界，学习怎么办?"要知道我们的孩子寒暑假几乎都奔波在各培训点啊。美国女孩看着我的孩子一脸羡慕地说："我们平时的学习任务很重的，每天回家的作业量是5小时。"就这个"5小时"把我丫头给震住了。

苏霍姆林斯基言："保留自由活动的时间是学生智力生活丰富的首要条件。"我们的孩子从小一到高三，将踏踏实实地花费12年的光阴，记忆，背诵，做题。未来将要面对的是这样的对手：重学习，更重实践，有知识，更独立。不一样的教育模式培养出不一样的人才。教育的一切出发点和落脚点就是让学生得到发展。我们的教育，要让学生得到怎样的发展？进题海，也要跳出题海进社会，才能让孩子得到时代需要的发展。

断想四

看到一篇谈及莫言和教育的博文："如果真要找莫言和教育的关系，不要想着怎样贴金'消费'莫言，而应该从其成长经历中，思考怎样创造有利于优秀作家成长的环境，以及反思我国当前基础教育对学生想象力、创造力的限制与扼杀。如果没有激发学生想象力、创造力的教育，中国本土学者获得诺贝尔科学奖项的可能性是十分渺茫的。而即便文学奖之类的奖项与教育的关系不是那么密切，但如果所有的学生都要经受数十年'灌输教育''圈养教育'的洗礼，没有丰富的生活经历，缺乏想象和创造，其结果是，获得文学类之类的奖项，也是偶然事件。"

农村教育占据了中国教育的大部分市场。2015 年 9 月马云在启动乡村教师计划时谈道，中国教育突破点在乡村。据我所知，经济欠发达地区的学校管理，教师教学，学生学习都存在不少问题，无疑也存在着"灌输"和"圈养"现象。教育极其需要激发学生的想象力、创造力。能否通过更多的有情怀、有勇气、有担当的教育人的努力，扭转不符合教育规律的办学局面？值得每一个教育人深思。

断想五

前年秋，有幸走进北京小学丰台万年花城分校参加了"中日'变教为学'同课异构交流活动"，主办方的教学理念是：让每个学生都受到关注，让每个学生都有活动，让每个学生都有机会。知识呈现突出本质，渗透文化，实现关联。

人生第一次近距离地接触了日本教师的授课。平心而论，日本教师的课堂远不如我们的课热闹和出彩，但是，他们的优势的确值得我们借鉴：他们教师团队的合作精神，他们朴实的课堂风格，他们敢于直面问题的勇气，都是我们所不及的。

案例一：团队合作精神。小学四年级的数学课《对称》，执教者加藤伸秀，课堂上共有 8 个教师在行动：有人做课堂师生表现的记录，有人拍摄现场照片，有人专门负责观察师生表现，有人负责分发学生学习资料，有人负责收集课堂资料，有人负责搬桌凳，有人专门负责给学生递话筒。整个团队配合得非常默契，不用一句交流全凭眼神和体态语完成。

案例二：朴实的课堂风格。一共听了三位日本教师的课，两节数学课，一节英语课。三节课共同的特点是：每节课教师事先都给学生准备了很多的资料；教学设计很传统：用与学生生活实际相结合的内容引入课题，然后教师一次次提出问题，一次次组织学生讨论问题，一次次展示学生讨论的答案，最后教师总结。课堂上教师语言不多，极少有表演色彩，但是喜欢不时地记录学生的发言。

案例三：敢于直面自己的问题。无论是课堂中还是说课的时候，日本教师多次出现“我对中国的超市文化不太了解，讲得不够生动”，“我的教学经验不足，对中国孩子的知识体系不太了解，交流活动灵活性欠缺”，“我在课堂中没有起到很好的引领作用，没有发挥得更深远”。

中国小学课堂的喧嚣热闹现象比较明显，师生都积极表现固然有其优势的一面。但过于浮躁、求形式新颖的热闹的课堂教学往往难以让学生静心思考，思维的深度自然少了保障。想起了爱丽丝·门罗说过的一句话：“我们可以失望，但不能虚假。”钦佩《聚龙宣言》倡导的“教真语文，教实语文，教好语文”。最打动人的是真实的力量。课堂教学，还原师生的真实表现，或许少了些华丽，必然会多些实效。日本教师的课堂教学，对我们似乎有所触动。

感悟：今天，我们怎么做教育？好的教育，应该对学生要尊重，要解放，也要施压，要磨砺，要分数，也要能力。促进学生全面发展，培养学生的独立个性，始终是教育的真正目的。①

---

① 本文于 2017 年 1 月发表于《湖南教育》，选入时有所改动。

我与感动教育

一、前言

狄更斯曾这样描述生命的意义："如果我能弥补一个破碎的心灵，我便不是徒然活着；如果我能减轻一个生命的痛苦、抚慰一处创伤，或是令一只离巢的小鸟回到巢里，我便不是徒然活着。"减轻别人的痛苦，分担他人的忧愁，让他或她感动，我们便不是徒然地活着，生命的色彩就不会苍白。

中国儒家的"仁爱"思想、西方基督教的"博爱论"、佛教的"慈悲观"，核心理论就是一个"爱"字。我酷爱教育事业，选择了教育，也就选择了以付出爱为己任。工作30年以来，始终坚持"用爱用情用心用责任"从事教育工作。

陶行知说："真教育是心心相印的活动，唯独从心里发出来，才能打动心灵的深处。"我经常问自己，有限的教育生涯，要怎样做才算不是徒然地活着？要怎样做才算让生命的内容丰富多彩？要怎样做才算活出了生命的境界？在人生道路上，我追真，向善，求美；在教育之路上，我用爱用责任用智慧走进工作对象的心灵，了解他们所需、理解他们所需、服务于他们所需，打动他们，感动他们，最终达到教育的最佳效果。

我担任过21年小学语文教师，教学上一直以李吉林老师为自己的灵魂导师，大胆尝试情境教育，让感动充盈语文教学。我在课堂上特别注重发挥情感在语文教学中的作用，践行“缀文者情动而辞发，观文者披文以入情”；注重作文教学、阅读教学中人文性的渗透，彰显以真情打动人的语文特色，使学生做到写作文、学课文与学做人有机结合。我所上的《凡卡》《卖火柴的小女孩》《草原》《采访奥运火炬手》等数节公开课，彰显感动特色，达到了非常好的语文教学效果。我上的每一堂常态语文课，深受学生喜欢——因为我着迷于语文教学，被语文感动，教人学语文，用语文教人，用人文关怀培养学生的人文情怀。

我从 2001 年开始担任大型小学的校长。自 2005 年 3 月开始，我在师生中创造性地践行“感动教育”：

对学生推行“用感动为孩子的人生开幕”德育实践活动，在学生中开展了一系列的感动教育主题活动，走进学生心灵，与学生心心相印，感动学生，教育学生。我深情地亲吻学生的额头，赠送给学生我亲笔签名的奥运火炬手照片，发棒棒糖给学生，让他们快快乐乐地过元旦，23000 多名学生家长收到了我亲自设计的全体教师电话号码手册，让他们很便利地跟老师联系。我用真挚的爱心成为感动学生的第一带头人。坚持加强跟学生的交流，做全体学生最知心的大朋友。我践行的感动教育德育效果极好，此创新案例获得省市德育创新案例奖。我以“感动与提质”为主题，在教育部举办的第 19 期全国小学校长培训班的研讨活动上，为来自全国各省、自治区、直辖市的同仁们做了分享，收效良好。

我探讨了“对教师实行感动教育的实践与思考”课题。从 2005 年“三八”节开始，我专门设立了一本“女校长感动日记本”，多年来写下了近 5 万字的日记、随笔。我用细腻的文笔、真诚朴实的语言和从心底流露的真情，记录了老师们工作、生活中感人的点点滴滴，抒写自己的感动，再与老师们一起分享他们用行动书写的对我的感动。我创设了以“感动”为主题的“四精”情感管理法：精品故事感化教师；精美文章感染教师；精彩活动感动教师；精悍口号感召老师。

为了提升理论水平，我写作教育教学及管理论文随笔 20 多篇，在国家、省级刊物公开发表 19 篇；获国、省、市级奖励近 20 篇。主持或参与教育科研课题三个，获得省级二等奖 2 次，主持编写的关爱留守儿童的校本教材《父母不在家，我们该怎么办》获市一等奖。2008 年，我以感动为主题的演讲比赛《爱是教育最有效的密码》获得湖南省小学校长演讲比赛一等奖。因为感动，所以成功。我任期内学校先后 16 次获得全国、湖南省、邵阳市及县级奖励，2009 年 9 月，学校荣获全国三八红旗集体称号。

我的成功不在于我本人获得了多少国家级荣誉称号，也不在于我的集体获得了多少荣誉称号，而在于，学生真心爱我，老师真心接纳我，家长真心赞美我，组织真心认可我。我用真心感动了师生、家长、当地群众，师生、家长、当地群众也无时不在感动着我。

感动，助力我办学成功；感动，让我的教育人生更美好。

二、始于困惑——三个真实故事引发的思考

故事一：我差点让老师跳楼

我担任正校长工作的第三年，2004 年 3 月 4 日下午，有位老师违反了教育局的规定，利用自家场所进行有偿家教。时任局长 Y 在电话里批评了我管理不得力。

第二天晨会，老师们做完早操之后，我召集大家集合。年轻气盛的我大发雷霆："是谁为了那点经济利益，威逼利诱学生，出学校的丑？师道尊严哪里去了？这个人是谁，自己心里有数，别以为我不知道。对这种为了金钱不顾学校声誉的同志，就得毫不留情。"说完，我悻悻地往校长办公室去了。

我不曾料到这种粗暴的批评对老师造成了多么深的伤害，也没料到因为我的简单粗暴给以后的工作带来了很多麻烦。下第二节课的时候，有位年轻老师急匆匆地跑来告诉我说："校长，不好了，不好了。某某老师哭着说，你太过分了，她活了 50 多岁，还没有挨过如此严厉的批评，您当着全体老师的面那么批评她，让她无地自容，她不想活了，一个劲儿地说要跳楼。"听到这个消息，我有点蒙了。

这以后，我更是感受到了整个教师群体对我的敌对情绪。不少人看

着我就躲得远远的，学校布置的工作任务，不少人显得被动。我压根儿没有想到会出这么大的问题。我只是由着自己的性子，不加考虑地发泄我的怨气。我哪里想到应该先冷静下来，走进教师心灵去了解他们，然后再去疏导他们、引领他们、教育他们呢？

没多久，县纪委派出工作组来我们学校查账了，说有人举报学校食堂办得不尽如人意，家长意见较大。再后来，我参选邵阳市十大杰出青年，有人打匿名报告，说我工作武断，不善集思广益。一下子，我这个红极一时的明星级校长、先进模范人物陷入了非常难堪的境地。

我开始了深刻的反思，我开始探讨管理艺术，我开始改变管理策略……

故事二：学生的“烧纸人”游戏，深深触痛了我

1991 年 11 月 30 日结婚，我原本没有太多的激动和快乐，因为选择了同为小学教师的同事做丈夫，我遭到父母强烈反对。冲破家庭重重阻力的婚姻，得不到父母和兄弟姐妹的祝福，我觉得伤感。本该灿烂的那个日子，于我来说，更多的是阴霾和压抑。

更让我想不到的事，我的学生竟然在我结婚那天用农村最恶毒的方式诅咒我。善良的同事们一直瞒了我 20 多天，我才知道，在结婚那日，一个叫艳的女孩子竟然联手她的弟弟一起烧了我和丈夫的纸钱，他们俩诅咒“杨某某死了”“许某某死了”。

委屈悲伤愤怒一股脑儿袭来。我真心爱着每个学生，我把整个身心献给了我热爱的农村教育事业。可为什么在我身上会发生如此的“闹剧”呢？

后来才知道，艳有一次数学考试只得了 13 分，数学老师讽刺她说：“你以后就叫十三艳吧！这名字适合你！”身为班主任，我也随声附和说：“个子满长，分数怎么不长啊？”纸瓦匠的孙女艳也许深受伤害，于是，就联手弟弟开了个极大的玩笑，趁班主任结婚那天，玩起了烧纸钱的游戏。

伤害也许就会用伤害来报复吧，我对学生一时语失，“回收”到多大的伤害啊！

故事三：孩子又骂我了

欣雨是一位非常尽责的母亲。

欣雨丈夫经商，经常外出，一年里差不多有三分之一的时间不在家。下岗后，她对儿子川的日常生活照料得无可挑剔。从小学一年级到小学五年级，每天下午风雨无阻接孩子回家，然后陪着孩子做作业。因为自己是中专毕业，对孩子的学业有一定的辅导能力，每次批阅家庭作业一丝不苟，是经常能受到班主任表扬的家长。

就是这样一位辛苦的母亲，却没有得到孩子半点感恩。

“三八”妇女节前一天，她无助地走进我的办公室对我说：“校长，我叫欣雨，下岗女工。都说您平易近人，懂教育，我想耽误您一点时间向您讨教：我真不知道我错在哪里。今天早晨孩子又骂我了，说我没有本事，真讨厌。”我惊讶地问她：“您的孩子是哪个班的？又骂您了是什么意思？”当她告诉我说是五年级（3）班的某某时，我心中马上有数了。这个孩子成绩虽不是很拔尖，但是年级奥数比赛经常在学校得名次。常听班主任说，这个学生仗着自己聪明，对老师不够尊敬，母亲对他向来都是百依百顺。

我问她：“您在家里让他帮您做力所能及的事吗？”“从来没有，他的任何生活起居都是我包了的，我所有心思都在他身上。”我又问道：“他有其他爱好吗？比如踢球，比如骑车？”“我对他的学习抓得紧，管制得比较多。”“做事坚持度怎么样？”我继而问她。欣雨说：“校长，我一直在想，如果不是我对他抓得那么狠，他肯定是个糟糕的孩子，他的所有作业都是我守着他做的，背着我他根本就不会做作业。”“他对您的付出有所感动吗？”我问道。欣雨眼中盈满了泪水，轻声地说：“他认为我这么做是理所应当的，除了挑剔，从来没有感谢我。我也根本不想图他感恩的。”

我似有所悟，又是一个辛苦的母亲培育出的三无孩子：无毅力，无感动，无关心。

我心平气和地对欣雨说：“不要太急，孩子还小，调整教育方式完全还来得及。从今天开始，你尝试着对他的管制少些、包办少些，要他对你的报恩多些，留心他的变化，有时间再与我交流。”

欣雨非常感动，一个劲儿地道谢，离开了我的办公室。

我的困惑

我能否继续做校长？痴迷于教学、心地善良、凡事追求完美、不懂人情世故的我，还能继续在校长岗位干下去吗？如果要继续干下去，我该如何利用我的优势来弥补我的不足？

教师如何提升爱的效果？老师对学生要有爱的情感、爱的能力、爱的策略，真正关爱学生，要想达到预期效果，必须建立在什么基础之上？当今独生子女一代，娇生惯养、自私懒惰的概率较高，面对众多的“三无”孩子，作为教育人，我们最需要做的是什么？

华东师范大学陈玉坤教授说：“改变一所学校，首先要改变一所学校的校园精神；改变一位教师，首先要改变教师的价值追求；改变一名学生，首先要改变学生的人生目标。”列夫·托尔斯泰说，人类被赋予了一种工作，那就是精神的成长。

教育，必须从精神层面入手，才能取得效果。假如，我们的教育能以爱为前提，以感动师生为手段，积极引导每一位师生向真，向善，向美，让师生在感动的基础上接受教育，我们的教师就能主动积极地工作；我们的孩子就能轻松幸福地成长；我们的管理就能打动人心，由感动而行动，用行动促发展。

三、关于感动的理论探源

感动的内涵

《说文》云：“感，动人心也。”感动即思想感情受外界事物的影响而激动，引起同情或向慕，从而使心灵被触动，是一个属于精神范畴的词汇。会感动，有感情，是人区别于动物的一个表现。

感动与教育的关系

人对人的感染和触动就是教育，教育是心灵的艺术，心灵触动就是感动，教育的真谛就是感动，感动即教育。一位教育家说：“我们可以用数学去改变世界，但是我们只能用感动改变我们自己。”为什么要用感动呢？因为感动是一种情感，人无论是改变自己或者是改变别人，都要通过情感。“感人心者，莫先乎情”，要感动人家就要通过感情的手段。现实生活中，真善美的举动总让人流泪，是因为他人的言行举止触动了你而让你感动。人看电影、看电视、读书，往往因为剧情动人而会流泪，是因为一个个故事一个个角色从感情上感动了你。唯有从心底发出情，才能让情抵达心底。只有心灵真正触动，才能唤醒成长自觉。教育不能没有感动，感动即教育。

教育家与感动教育

苏霍姆林斯基说：“在每个孩子的心中最隐秘的一角，都有一根独特的琴弦，拨动它就会发出特有的音响，要使孩子的心同我们讲的话产生共鸣，我们自身就需要同孩子的心弦对准音调。”对准音调，也即彼此感动。因为教育者与被教育者心弦合拍，成就了世界著名大教育家苏霍姆林斯基。

斯霞“童心母爱”教育思想的精髓是心灵与心灵的沟通，灵魂与灵魂的交融，人格与人格的对话，其实质就是感动教育；刘彭芝在“尊重教育”里谈道：“人生有一种境界是灵魂的境界，那就是有信仰，有理想，有终极关怀，有博大情怀。”教育的本真是育人，育人的本真是立德树人，教育是心灵与心灵的沟通，教育是灵魂与灵魂的碰撞，教育能使人的心灵净化。关怀、沟通、灵魂碰撞，净化心灵，必然能升华为感动。以感动为前提的教育必然成功。

李镇西认为，“最好的教育莫过于感染，‘感’是‘感动’，‘染’是‘熏染’，教育的真谛就是感动。教育就是先让自己善良起来，丰富起来，健康起来，阳光起来，快乐起来，高贵起来，然后去感染、带动孩子，让孩子也善良、丰富、健康、阳光、快乐、高贵。”笔者认为教育者实施教育，必须先得触动了孩子的心灵，才能不知不觉地影响孩子，积极的感染不失为最好的教育。

《第56号教室的奇迹》的作者雷夫说：“如果我想让孩子成为怎样的人，我必须成为那样的人。我希望他们举止优雅，我也必须非常优雅，每时每刻，即使我想对他们发火的时候，也必须非常优雅，即使他们气得我想扔他们到窗外，我也必须保持优雅。我想让孩子们努力，我自己就必须成为孩子从没见过的那么努力工作的人。”教育者用心用行动感动受教育者，受教育者自然乐于接受其教育。

陶行知先生一生践行感动教育理念，他一生都在让感动发挥教育的功能。为了教育，陶行知说：“捧着一颗心来，不带半根草去。”“为了苦孩，甘为骆驼。”“于人有益，牛马也做。”“真教育是心心相印的活动，唯独从心里发出来，才能打到心灵的深处。”“教育是教人化人，化人者也为人所化，教育总是相互感动，相互感化，相互改造。”“要学生做的事，教员要躬亲共做。”

综观国内外教育大师的教育理念和教育实践，一位资深特级教师在谈到“我所理解的教育”时，非常真切而直率地说：“感动即教育。”

教育的真谛就是感动

感动之于教育的作用如此之大，用它作为小学阶段教育的抓手必然可行高效。美国教育哲学家内尔·诺丁斯认为，“关怀他人和被人关怀都是人的基本需要。”教育，应该在相互爱着的人之间展开。基于此，我在探讨：教育是个共同体，教育者与被教育者互为关系，如何做到用自己积极向上的人生态度，感恩意识，人文情怀，用自己的一言一行，爱心真情去感动教师和学生？如何深入发掘和宣扬师生身边令人感动的人和事，努力把师生培养成为能给他人带去感动的人？如何通过以爱育爱，以情移情，以感动催生感动，最终培养出情感丰盈、真诚善良、和谐发展的真人？

追求教育的感动，践行感动教育，源于此。

四、回归实践

1. 让感动充盈语文教学

“注重情感体验，有较丰富的积累，形成良好的语感。学会运用多种阅读方法。能初步理解、鉴赏文学作品，受到高尚情操与趣味的熏陶，发展个性，丰富自己的精神世界。”这是语文教学的目标之一。

苏霍姆林斯基说：“让学生体验到一种自己在亲身参与掌握知识的情感，乃是唤起少年特有的对知识的兴趣的重要条件。”语文教学离不开感动的情感体验。在教学过程中，教师与学生都需要感动，产生思想和情感上的认同，让心灵之弦共鸣。只有拥有感动的语文教学才能体会到语文学科带给师生内心的快乐与幸福，只有拥有感动的语文课堂才是生动活泼丰富的，只有拥有感动的教育才能体验生命的意义，才能真正实现教育的目的。充分发挥教师的情感引领作用，充分挖掘文本的感动因素，唤醒与激活学生的内心情感体验，让感动情愫在语文课堂教学中发挥应有的作用，这是语文教学既要注重知识与技能、方法与过程，又要注重正确的情感态度价值观的要求。同时，也让语文课的工具性和人文性统一达到最佳效果，有利于培养学生的核心素养。

复旦大学附中语文特级教师黄荣华认为，语文学习的第一要素是生命体验。在语文课堂教学实践中，教师如果能够运用自己丰富的情感，挖掘文本中的感动因素，将二者有机结合起来，直抵学生的灵魂进行语文教学，让学生有丰富的生命体验，就会在师生、生生的双向互动中产生一些朴素而真诚的感动，进而打动学生、教育学生，让学生的情感丰富起来，真正走进语文教育的本质：培养学养深厚、情感充盈、持身高洁的人。

作为一名国家级语文骨干教师，我努力追求形成自己的语文教学风格：阅读教学注重以情感人，以情动人，以情育人，践行“缀文者情动而辞发，观文者披文以入情”。作文教学突出体现人文性的渗透，使学生做到写作文与学做人有机结合，提高习作能力培养与人文情怀相结合。我所上的《凡卡》《草原》《卖火柴的小女孩》《丰碑》《将相和》《采访奥运火炬手》《看未来科学家的照片》等课，获得省市县赛课一等奖。我突出的教学风格就是感情至真至纯至深，深入人心，触动灵魂，以情动人，让听课者震撼、感动。我多年来研究如何“走进儿童心灵教作文”，亦是基于尊重、基于关爱、基于感动：真诚地爱儿童，与儿童心贴心，孩子们被我的真爱与敬业感动；激发儿童内心的写作能力，满足儿童写作内容的需求，孩子们被我的教育智慧感动；让孩子们真真切切地爱上了写作文，更是培植了孩子们追真向善求美的高尚人格；孩子们的纯真好学的品格、美文佳作的魅力感动着家长、感动着我。

帕克·帕尔默认为，真正好的教学不能降低到技术层面，真正好的教学来自于教师的自身认同、自身完善。要感动别人，先要自己燃烧。担任小学语文教师，每一节课，我都力求用心用情，完善自己，打动自己，然后去打动孩子，感动孩子，达到以情动人的教学效果。

教《凡卡》一课时，我创造性地把全文写信的内容设计成配乐朗诵，伤感的《哭砂》旋律加上我动情的朗诵，整个课堂渲染的是一种非常沉郁悲伤的气氛。无论是我，还是学生，还是数以百计的听课老师，几乎没有不是泪眼婆娑、没有不被我和学生的课堂表现感动的。正是因为我的富有创造性的设计，加上我充满情感的课堂表现，使得我在邵阳市资江小学上完这一堂课后，一个叫刘洋的孤儿下课后竟然扑入我的怀里失声痛哭，后来跟我书信往来了好几年。我的课也当之无愧地获得了市级最高奖。

这是我上课的开场白："孩子们，请大家齐声背诵一句古诗：'独在异乡为异客，每逢佳节倍思亲。'是啊，大人身在异乡，思念亲人之情平常就浓，何况碰上佳节，那么，一个才9岁的小孩，在隆重的圣诞节前夜，又是怎样向远方唯一的亲人倾诉的呢？这节课，我们学习《凡卡》一课……"

再看课中的一处过渡语："和着心血，和着泪水，和着满腔希望，凡卡把信的内容写好了。这个可怜的孩子，他又是怎样寄信的呢？"引入下一个教学环节——凡卡寄信。引导孩子们体会凡卡寄的信因为地址不详，终将石沉大海，想见亲人爷爷，只是美梦一场而已。由于我完全进入课堂情境，孩子们也跟着我全情投入，我和孩子们几乎是在泪水中学完此信的。学文，感悟人生，体验凡卡的悲哀，让学生珍惜现实的美好，以语文育人的目的水到渠成。1997年5月，我上的《凡卡》一课，毫无争议地获得了邵阳市第一名。

《采访奥运火炬手》作文指导课上，我设计了一个这样的教学环节：

"在和同学们临近分别前，我想满足大家一个小小的心愿。面对眼前的奥运火炬手，你最想实现一个什么愿望呢？"学生各抒己见谈愿望（照相、签名、握手、唱歌等）。当一个学生要求和我一起唱国歌时，我让全班同学站立起来，我们师生一起动情地演唱着国歌。歌声响彻课堂，全体师生发自内心的爱国情怀得到最真最美的展示，作文课堂达到了一种震撼人心的感人效果、育人效果。

在教学《草原》一课时，我这样导入："老师想请大家猜一个谜语：一碧千里，并不茫茫；平地小丘，绿满目光；羊群似花，点缀绿毯；人来这里，久立四望。这是什么景啊？"学生回答"草原"。接下来，我非常深情地朗诵课文第 1 自然段，师生都完全陶醉于课文所描绘的美景之中。

教学过程中，我和学生很自然地体验"握手再握手，笑了再笑"，师生握手，拥抱，会心谈笑，完全超越了课堂，超越了教学，真正达到了生命的体验。

快结课的时候，我是这样设计课堂的教学高潮的："本文写了草原景美、蒙古族人民热情好客，字里行间，体现了什么思想感情？"（蒙汉情深）我相机点拨：草原景美，蒙古族人民心灵更美，民族团结情最美。作者为什么要写这些呢？在学生回答的基础上，我是这样小结的："我国有 55 个少数民族，还有一个大族——汉族。56 个民族组成了中国这个大家庭。各族人民齐心协力，建设祖国。你说这种高尚的情谊值不值得赞美？让我们带着赞美的语气齐读：蒙汉情深，天长地久；民族团结，共建祖国！"最后，师生欣赏《爱我中华》的歌曲，课堂达到了一种让师生灵魂完全超然的境界。

教学《手术台就是阵地》一课，我这样结课："孩子们，课文的这一自然段中有哪几个数量词？""三天三夜。""三天三夜一共有多少个小时啊？白求恩工作了几个小时？"孩子们计算出"共有 72 小时，白求恩工作了 69 小时，除去吃饭的时间，休息不到 3 小时。"抓住几个数量词，我动情地总结全文："这就是白求恩，不远万里，从加拿大来到中国的白求恩；这就是白求恩，为了中国伤员，连续 69 小时工作着的白求恩；这就是白求恩，毫不利己专门利人的伟大的国际主义战士。”师生都被白求恩的国际主义精神深深感动。这堂课让我这个年仅 21 岁的乡村教师首战告捷，在邵阳市赛场上喜获冠军。

教学《卖火柴的小女孩》时，为了感动学生、教育学生，我将卖火柴的小女孩的经历改写成歌词，然后用《女儿情》的旋律谱上曲子，再在课堂上亲自用吉他弹奏演唱：“寒冷饥饿一起来，她被迫地拿出火柴，谁也不疼她，谁也不理她，只有蜷缩墙角。尝尽了人间冷暖，看够了世态炎凉，只愿来生遇上好时代，过上快乐幸福日子。祝福你，祝福你，愿你天堂安息！”音乐是最具有感染力的艺术。我的这种教学设计，完全打动了我自己，也真真切切地打动了学生，教育教学效果异常好。

为了引导学生写作文写出真情实感，我用一首特别感人的小诗《一碗油盐饭》来引导：“前天，我放学回家，锅里有一碗油盐饭；昨天，我放学回家，锅里没有一碗油盐饭；今天，我放学回家，炒了一碗油盐饭，放在妈妈的坟前。”我深情地对孩子们说：“再多再大的财富，都比不上妈妈对孩子的深情关爱；再苦再穷的家庭，只要有妈妈在，就是温暖的、幸福的，哪怕每餐只有一碗粗陋、简单的油盐饭。多少人读了《一碗油盐饭》潸然泪下，这就是真情的力量。真情不能夸张，真情不需要浮华，真情只需要用心用情，用最平凡朴实的语言去感动人。”

语文教学中，我与学生心与心的交流不仅体现在课堂教学上，还有一个重要的载体，就是语文作业。作业是教学中承上启下的一个环节。教学的艺术有时正是体现在师生的书面交流中，作业无疑是师生书面交流的最佳平台。从教学的五环节来说，作业的布置与批改也是其中重要环节之一。讲究作业的批改艺术，与学生进行书面交流，能增进师生感情，更能调动学生完成作业的自觉性、积极性，从而达到作业的真正目的：巩固知识，实践体验学习的意义。为了确保语文作业的有效性，我的每次批阅采用要点指导、评语激励、对话交流方式，众多阅卷批语让学生无比感动。如“孩子，谢谢你呈现给我如此干净美观的生字抄写作业。”“可可，你这次的语文练习出现了较多错误，一定是有原因的，下课后我们俩交流一下好吗?”“小军，你写的关于母爱的习作让我对你的母亲肃然起敬。你真有爱心，我被你感动。”“伟伟，写日记要写心里话，真实的才是美的，下次希望读到你的触动人心的心里话。”教师温馨亲切的评语，是一种爱，是一种能感动学生的有效的爱。

因为用心，因为专业，我的语文教学给孩子们的人生起步阶段留下了许多美好的记忆，给孩子们的语文学习注入了丰富的人文关怀，让他们爱上了语文，学好语文。我自己一直陶醉于语文教学，感动于语文教学，在语文教学领域里体验生命的意义，实现着人生的价值。

2. 感动与德育实践探索

（1）诠释“感动”的内涵。

每年收看《感动中国》电视节目时，多少人的心灵为之一振，那是因为我们被深深地感动了。养鱼养水，养树养根，养人养心。结合少年儿童的心理特点和人性的本质特点，我们设想——如果有种精神，能让我们泪流满面，如果有种力量，能让我们信心倍增，如果有种语言能让我们的心怦然一动，如果有个行动，能让我们心情激动不已，那么，我们肯定能从中受到震撼心灵的教育，那是因为我们被感动了。所以，我们的思想教育就是从学生真正被感动开始。正如苏霍姆林斯基所说：“没有情感，道德就会变成枯燥无味的东西。”只有让学生真正动情了，才可能达到十分良好的教育效果。所以我们向学生提出了“为一切需要爱的人付出爱，享受一切高尚的人赋予我们的爱”的感动教育口号。

（2）推行“感动教育”，广泛开展有价值的实践活动。

我校把社会实践作为未成年人思想道德建设的重要载体，围绕“感动”这个主题，重点开展了以下方面的特色活动：

第一，坚持每周一的升旗活动。

通过升旗活动，让孩子们于感动中受到“五爱”教育。我校升旗活动特色是：一是升旗仪式十分规范；二是升旗仪式内容丰富；三是升旗活动主题鲜明；四是人人争当升旗手极大地调动了学生的积极性；五是学生全方位参加升旗，成为受教育的主体；六是升旗活动煽情感人；七是升旗活动提倡台上台下互动。

升旗仪式举例如下：第一环节，升旗班的学生迈开有力的大步，伴随着雄壮有力的鼓乐声出旗。第二环节，学生主持人先英语后汉语介绍旗手，并激情地说某某同学为国旗增添了光彩，荣获本周升旗手称号，让我们祝贺他，为他鼓掌！第三环节，奏国歌升国旗，教师行注目礼，学生行队礼，师生神情庄重，严肃认真。第四环节，国旗下握拳举右手庄严动情地宣誓："我是中国人，我爱自己的祖国；发奋学习，报效祖国!"第五环节，学生国旗下演讲。第六环节，读校训唱校歌。第七环节，国旗下主题讲话，如"向奥运健儿致敬""台湾，我爱您""珍爱生命，享受生命"等主题。第八环节，评价本次升旗仪式。

以"台湾，我爱您"为例，说说国旗下讲话内容：结合台海问题，有必要对孩子进行爱国主义教育。但是台海局势是大政治，小孩子不感兴趣，也弄不明白到底是怎么回事。我们国旗下演讲者先用动情语言朗诵台湾著名诗人余光中的《乡愁》："小时候，乡愁是一枚小小的邮票，我在这头，母亲在那头；长大后，乡愁是一张窄窄的船票……"然后激情地讲述，有哪位孩子不爱自己的母亲？又有哪位母亲不揪心般牵挂自己远方的游子？同学们，你们说，我们能不爱台湾吗？我们能不渴盼台湾早日回归自己的祖国吗？这种动情的教育，的确能打动孩子，并且让每一个成年人受到感动。

第二，持之以恒地开展"多读书、读好书、净化自己的灵魂、自己感动自己"的大型读书活动。

学校自2002年上学期开始，坚持了整整20个学期的读书积累活动。根据孩子们所在年级的特点，要求每个孩子每年必须完成5000字到3万字的读书笔记。读书口号是："每天必读，每读必记，日积月累，丰富知识!"读书笔记有听记内容、自己阅读所得、读书感想，也有自己的创新设计。学校每个学期期末都举行一次读书笔记评比。为了让学生读有所得，学有所用，每年都定期举办学生自办手抄报比赛，学生自己动手办的图文并茂的报纸，质量很高。因为"腹有诗书语自华"，学生在国、省、市、县级各类演讲比赛，主持人比赛，征文赛中出类拔萃，获得了许多奖励。

第三，坚持在学生中开展"五个一"的教育，让学生感动自己，感动家人，感动周围人。要求每个学生每天必须唱一分钟的思想健康的歌曲，做一分钟的家务，踏一分钟步，至少阅读一篇好文章，看一段新闻。

第四，将加强孩子的思想教育延伸到假期，让孩子受教育的时间没有间断性，也让感动波及孩子的家庭及社区。

自2003年寒假开始，在学生中推行了“过中国年”活动。即在春节那天，对长辈说三句话：“您好”“您一年来培育我辛苦了”“春节快乐”；做三件事：“给家长深深地鞠个躬”“在吃年饭时给家长夹菜”“给家长做一件力所能及的家务”。为了推及社区，要求每个学生必须在寒假为社区做三件以上的好事，让社区的人受到感动。学校为了将这一“中国年”活动落到实处，要求政教室必须将孩子们的假期活动情况建立档案。由“过中国年”推广到所有重大节日，对感动周围人有了很好成效。比如“三八”妇女节给母亲写信；母亲节替妈妈洗脚，自己的生日是母难日，记得对母亲说一句感恩的话，让母亲吃第一口蛋糕，等等。

第五，校长用真挚的爱心成为感动学生的第一带头人。

多年来，校长一直坚持加强跟学生的交流，做全体学生最知心的大朋友。交流方式有电话联系、书信、校长班长联系本、手机短信息、QQ聊天、电子邮件、校长接待日……学生利用手机信息告诉校长，说下课的时候，高年级的同学抢占了学校仅有的两张乒乓球桌子，希望校长能替中低年级的同学考虑考虑。基于这点，学校投资几千元钱重新配备了四张新球桌。学生从QQ里告诉校长，说有些老师下课拖堂太久，让同学们敢怒不敢言。校长安排教导室成员去落实这件事，并在全体教师大会上用心理学家的研究报告告诫教师：“下课拖堂，降低学习效率27.3%；下课让孩子们适当休息，提高学习效率45.4%。”这类交流形式，学生很喜欢，因为校长的关爱，校长将问题落实迅速，使学生深受感动。依据此渠道加强对孩子的品行教育，达到的效果也就不言而喻了。

为了让全体教师们投入感动教育之中，学校领导努力实践着爱每个教师的诺言。用行为感动教师，然后再让教师去感动学生，学生再用言行感动教师，形成一种良性循环，让学校领导和教师，教师和学生之间和谐相处。而和谐民主的师生关系，正是新课程的重要理念，更是搞好教育工作的保证。

感动自己，净化灵魂，受到教育，用感动为孩子的人生开幕，让孩子们的灵魂净化在起跑线上，是我们加强德育工作的理念。学校推行"感动教育"后，师生能生活在一种和谐的人际关系里，在一种积极的情绪状态下投入工作和学习。使学校这方净土里大人、小孩的心灵常常被净化着、感动着，老师们愉快地工作，孩子们快乐地成长。学校感动教育案例获得省市德育创新案例奖，校长被评为湖南省未成年人道德建设模范人物。

（3）对学生实行"感动教育"的几点启示。

启示一：感动教育要实行学校家庭和社会联动。这就要求家庭和学校在认识上保持统一，通过家庭成员综合素质的提升来潜移默化地影响孩子，真正发挥好家长作为孩子的第一任老师的作用。然后由学校、家庭再波及社区、社会，让更多的人能付出真情，感动自己，感动他人，形成和谐的人际氛围。

启示二：感动教育要不断从纵深方面去探索教育新方法，不能停留在表层。既要以人为本，尊重人性，又要做到严格要求，决不迁就未成年人不良习惯和行为。

启示三：感动教育要有科学规范的评价机制，及时督察学生是否真正将学校倡导的精神和制定的措施落到实处。

启示四：感动教育需要有厚实的教育理论作为基础，应在理论支撑下进行。

3. 借感动之养分，丰富教师管理内涵

西晋著名史学家陈寿言："夫济大事，必以人为本。"历史是由人创造的。舍弃了对人性的关注，历史就像一张没有灵魂的苍白的纸。教育生活是由每个教师直接影响形成的，舍弃了对教师人格、精神的关注，教育也不过是个抽象的概念。

感动式管理就是尊重人的正常感情和理性，充分发挥被管理者个体的作用，让所负责的工作能顺利进行。多年的管理体验证明，尊重被管

理者，走进被管理者心灵，更多地进行人和人的交流、心与心的沟通，真心爱着被管理者，让被管理者真正被感动，的确是能让管理产生良好的效果的。

（1）精品故事传播思想，用生动故事感动、引领教师。

说教永远是苍白的，故事永远是生动的。如果教师不是从内心深处真正理解了校长的思想，那么他们不仅不会去实践，而且也不懂得怎么去实施。这正如食盐的比喻：道理只是盐，直接食用，肯定难以下咽。一旦把道理“融”入生动浅显的故事中，烹制成美味的“汤”，教师就能在不知不觉中慢慢地吸收进去。结合学校教师群体的思想认识实际，校长大量阅读、收集了许多精品故事，借一个故事传播一种思想，灌输一种理念，让教师们耳目一新，内心触动并被感动，自觉地付诸行动。

受各方面因素的影响，教师们的团队意识比较差。为此，给教师们讲述的是精品故事《红杉树比人聪明》。故事的内涵是红杉树的根互相支持，互相保护，一同抵御了上千年的风雨，靠的就是团队的力量。多次强化，教师们为了维护学校的整体形象付出的实际举动让学校凝聚力大大增强。故事中传播的精神，已经让老师们基本接纳。面对如今社会“当学生真苦，当家长真烦，当教师真累”的抱怨，一个《心态测试》故事，使老师们豁然开朗：“先处理心情，再处理事情。”老师们的工作耐心大增。诸如此类的故事《想起了英雄丹柯》教育老师们学会奉献；《换个角度切苹果》，告诉教师们学会多角度思考问题；《屠格涅夫与穷人》引导教师学会尊重学生，尊重就是爱的精髓……教师们每周都能获得一种思想的启迪，内心触动了，被感动着；校长从教师的行动中获得感动，也跟老师们一同收获、成长、快乐着。

（2）精心策划“感动教育”活动，用校长真情感动教师。

活动育人对学生有巨大的成效，对教师亦然。

自 2005 年正月开始，特意策划的大型活动有“温馨过生日”“创新过节日”。不论哪位教师生日，学校委托鲜花礼仪小姐送去鲜花，奉上蛋糕，带去祝语，让每个教师感受到组织的关爱，礼轻情意重，精神的震撼才是真正的感动。真正的感动必然带来好的教育效果。教师带着好心情，投入繁杂的工作，感受工作的魅力所在。

策划的“创新节日”活动，完全是校长个人的点子，收到的效果比预期的要好得多。过新年了，经济待遇一如既往，不尽如人意。精神待遇非得“欲与天公试比高”。每个教师一张新年贺卡，校长给近一百名教师每人写上一句十分切合本人特点的温馨祝福语——孩子考学的，祝福孩子上重点大学；身体有毛病的，祝福身体健康；需要减肥的，希望多锻炼；身子虚弱的，鼓励增加营养……在庆祝会上，选派学校很有特殊性的教师（年龄最大、工龄最长、最有威望，等等）作为抽奖嘉宾，在一大堆明信片中抽取幸运奖，然后由校长动情地念读真情感人的祝福语。在场教师，无不感动，许多人感动得落泪。校长的良苦用心，得到了最好的回报，那就是老师们被感动，老师们加倍地努力工作。“校长，这是我此生最难忘的一个日子，您太让人感动了。”一向对校长工作心存成见的某位教师如此说。

（3）洞察教师一言一行，用精美文章感动教师。

卢梭说：“每个人都是高贵的存在。”教育如果多一份人性的光辉，自然就让社会少了些暴戾之气，而多了更多的感动。教师闪光点无处不在，关键是校长是否长有一双发现“美”的慧眼。笔者设立“女校长感动日记本”整整 7 年，记录的每个细节都是感动。

冬季早集合，天寒地冻，甚至雷雨交加，教师们在 7:30 准时赶到学校，是件很艰难的事情。可是 12 月 13 日所有的员工一个都不少地按时来到了学校。教师们先感动了校长，校长将这份感动及时地写下来，成了感人至深的佳作《一个都不少》。当教师们读到“淋湿了衣服，坦然地走进自己的办公室，又开始了一天的工作”“离家最远的教师，掖下夹着的作业本，被保护得比身体还好”“年轻妈妈的头发还来不及梳理”这些细节时，自己更深受感动，没想到校长的眼睛观察得那么细致，没想到校长的描摹那么生动，感情那么真切动人。一篇《一个都不少，谨以此文献给我的教师们》，让校长的人气指数大大提高。真情最动人，校长爱着教师，教师们爱着校长。

《好一份快乐多套餐》（某个学生取得了好成绩，教师自费去购买快乐多套餐送给学生，教师爱生的感人事例）；《一只幸运的螃蟹》（一个很有爱心的教师拯救了一只在水泥地面挣扎的螃蟹，将它放入学校的水池）；《老师，您的菜没有了》（教师把自己碗里的菜全部夹给学生，最后自己却没有了）；《十六朵生日鲜花》（教师把自己的生日鲜花奖给了16个听话的孩子）……都是校长撰写的由自己观察到的教师中的感人细节的精美散文，让教师们无比喜欢和感动。人最高的需求是得到他人的肯定，挖掘细节，肯定教师的行为，让教师在优美的文字作品中受到感动，唤起为学校而工作的斗志，不是说教更不是批评所能达到的效果。

歌德说："生命在于矛盾，在于运动，一旦矛盾消除，运动停止，生命也就结束了。"学校师生多，矛盾自然也不少。教师们的思想是复杂的。由于工作的缘故，学校的一笔经费开支让教师们产生了怀疑，他们毫不留情地把校长状告到了县纪检会、反贪局。一封《给全体教师的一封信——您信任校长么?》由校长真情书写，配上音乐动情朗诵，让老师们从中了解了经费的用途、校长的难处、校长的人品，干群矛盾涣然冰释。事实足以证明，以真情寻求下属的理解，终究还是能得到理解的。校长这么做，出于一种人文情怀，令老师感动而信服。

（4）激发教师内在的热情，用事业价值提升教师，感动教师。

管理心理学认为："人的积极性是现代经济起飞的原动力。"对教师的积极性的调动必然是教育事业成功的原动力。教师积极性的调动固然离不开物质刺激，但激发其内心的事业感、使命感、成就感，使其产生育人为乐的思想，把教育当做事业来追求，化压力为魅力，与学校同步成长，以实现自我价值，也不失为一种有力的人性化管理手段。笔者的成长历程，就是自我价值得到最大实现的过程，所以，在这方面引导教师，很有成功的体验。在管理过程中，善于给教师创造展示自我的多种平台，让他们积极参加各级组织的各项活动，善于抓住一切机会推销自己，尽展个人风采。还遵循"培训就是最大的福利"的理念，给教师提供大量的学习取经的机会，让教师们不断换脑子，学技术，长知识，与时同步，永不落伍。当教师们通过各项教育教学实践活动发现自我价值，实现自我价值，体验到成功的喜悦以后，其工作的热情必将愈加得到激发，自然达到了“不用扬鞭自奋蹄”的状态。当身边事业成功的榜样产生以后，用身边真实的榜样力量去感动教师们，激励其他更多的教师为事业拼搏，形成一种积极进取、你争我赶的良性循环，对学校工作的推动就不言而喻了。

（5）充分展示管理者的人格魅力，用自身的榜样力量感动教师。

管理者的人格魅力永远是管理成功的一大重要因素。校长不仅能做到“有与时俱进的教育思想和办学理念”“有对事业的无比忠诚”“有对知识的渴求”“有海纳百川的胸怀”；更时刻做到凡事看得比别人远些，做得比别人好些，想得比别人全些。喊破嗓子不如干出样子，向校长看齐，从我做起，是笔者成功的一大重点。师德、学识、能力、为人，永远是自己追求的主题。即使因为工作原因出了某些差错，大部分教师还是理解的，充分肯定领导者的优点之后，偶尔提及缺点，都在情理之中。最重要的，校长的敬业精神、专业精神，都力求做教师的典范：严谨治学，博爱众生，乐善好施，成人之美，诚信为人；把教育当成一种“圣职”，全心全意地钟爱着事业，少功利考虑，最大限度地自控，摒弃更多的私欲，无私奉献于自己的事业。一直以快乐而充实的心态工作着，以忘我的态度投入工作。如此拼命而且富有爱心和智慧的校长，必然会感动教师，带出“工作着是美丽的”教师群体。

孔子说“礼之用，和为贵”；孟子进一步提出“天时不如地利，地利不如人和”。基础教育国际化程度极高的新西兰的中小学校长说得最多、做得最多的也都是对师生的理解关爱和支持帮助，在他们的校园里，人性关怀触手可及，很能温暖人、幸福人、感动人。在张扬人性的今天，无论是中国古代的传统人本思想还是西方人现代的人本理念，作为激发和引导学校教职员工的主动性、积极性、创造性的理论依据而大放异彩。管理是可以微笑的，只要真心用情待人，笑出来的一定是很灿烂的。笔者注重以故事引领教师，以真情打动教师，以自身行为感动教师，让教师们心为校长所动，情因校长而生，因为感动，所以行动。他们热爱学校，热爱教育事业，努力工作，这样凝聚的教师的心勃发出了一种奋进的力量，让笔者取得了很好的管理效果，所在学校各项工作成绩突出，并成为地方品牌，便是佐证。[①]

五、感动教育思想综述

英国政治家和文学家切斯特菲尔德说，风格是思想的衣裳。笔者认为，教育者的个人风格注定了教育思想特色，教育思想特色深化了个人风格。管理风格丰富多样。校长管理风格丰富多样：擅长大刀阔斧一言九鼎的，必然用气魄气势管人；润物无声温柔和善的，必然富有真情真心以情动人；深邃深刻思维缜密的，必然以理服人。笔者属于典型的温婉派女性，自认为教育需要用心、用情、用爱；灵魂需要触动、感动。以感动为前提的教育，必能让师生发自内心地接受，富有实效地促进师生成长、成才、成功。基于爱，创设感动，用感动行教育之道，促进教育对象全方位发展，是感动教育思想的精髓。

1. 感动教育让人性更加完美

联合国教科文组织在2015年发布了《反思教育：向“全球共同体利益”的理念转变?》里谈道，教育应该以人文主义为基础，以尊重生命和人类尊严、权利平等、社会正义、文化多样性、国际团结和为可持续的未来承担共同责任。《康德论教育》中表述的教育功能为“教育最大的秘密便是使人性完美”。

人性美，是一种看不见的竞争力。感动教育是走进人的心灵的教育，是能触动人的灵魂的教育，是体现人性美的教育。

感动教育首先是一种尊重教育。爱默生说，教育的秘诀是尊重学生。综观古今中外著名教育家的教育理念和教育实践，任何成功的教育必然是建立在对受教育者尊重的基础上的。每个儿童每位教师都是一个独特的完整的世界，没有重复，各有特色。教育的首要任务是要接触人，了解人，认识人，理解人，促进人，发展人。苏霍姆林斯基说：“教育者的

① 本文发表在《湖南第一师范学报》，获得省级论文评比一等奖。原题名为“对教师实行感动式管理的探索”。

使命就是让孩子各方面和谐发展，这种和谐发展的前提是对每一个学生个性的尊重。”现代企业人性化管理理念认为，所谓人性化管理，就是一种在整个企业管理过程中充分关注人的要素，如对人的尊重，对人的充分精神激励等。这个“人”首先是人情、人道和人性。针对儿童，教育唯有以尊重儿童为前提，才能用心去对待儿童，用儿童能接受的方式方法去教育儿童；针对教职员工，唯有以尊重员工为前提，才能真心待人，才能让员工因为管理者的真心而被触动打动而付出工作行动。而以人为本的尊重教育，必然是能打动人、感动人、有实效的教育。

感动教育是一种真情教育。资深导演王煊说“爱生必须用真情，情真方能育良才。”感动教育是基于内心情感的教育。苏霍姆林斯基认为，所谓“情感因素”，从心理学角度说，是指人的情绪、感受、意志，外加兴趣、爱好、需要等心理成分，在他看来，情感就是内驱力，没有情感就没有做任何事情的内在动力，因而情感教育是和谐教育基础的、有机的组成部分。肖川教授也认为，“没有真情，我们将囿于冷漠、被动和机械，我们更难以发现和体味到教育世界的多彩与感动”；“没有真情，生活就是无边的荒漠，‘教育’也就只是一种敷衍和应付”。

感动教育就是用真心，用真情对师生进行教育，真情是其教育的基本要素和主要推手。校长、教师的真诚是感动教育的原动力。校长发自内心地向教师倾注真情，教师受校长的感染发自内心地向学生倾注真情，用真心、善意、语言和行动去打动他们、感化他们、启发他们、引导他们，发自内心地对学生关心、爱护、尊重、信任、期望、赏识以及尽责。当学生感悟到这种真情之后，便会激发出积极向上的热情，彰显内心的真诚善良与美好，增强生活和学习的信心勇气，在轻松的人际氛围中接受教育，自身也被塑造成内心有爱、真诚友善、情感丰富的人，从而达到良好的教育效果。

感动教育也是一种自我教育。“真正的教育是自我教育。”在苏霍姆林斯基看来，所谓“教育”，并不是教师单方面地往学生空荡荡的大脑中灌注“美好的思想道德”，而是尽量设法点燃儿童心灵深处“想做好人”的愿望；他认为儿童心中本身就蕴含有许多美好善良的道德萌芽，而教育者的任务就是扶持，点燃，激励，唤醒，让其茁壮成长。正是基于这种对儿童的充分信任，他鲜明地提出：“真正的教育是自我教育。”他认为，“自我教育需要一个重要的、强大的促进因素，这就是个人要有尊严感，尊重自己，有上进心。……只有受教育者尊重自己，才能有自我教育。”成年人尊严感更强，自我教育意识更浓，自我教育能力更强，以感动推动其自我教育更切实可行。

感动教育从走进师生的心灵入手，在师生内心真正接受教育者教育的基础上，触动灵魂，内化为自己的精神，内化为自己的思想，然后自发地约束自己的行为，内化为积极的行动，进行自我教育，自我提升，自我发展。

崇尚和尊重人的生命，极力维护人性的尊严，用真情真心触动人的灵魂，升华到自我发展的境界，让人自主发展，彰显的正是一种完美的人性教育。

2. 感动教育就是彰显爱的教育

鲁迅认为“教育植根于爱”。教育离不开爱，教育需要爱，教育就是爱，爱是教育的生命。感动受教育者，自然源于对受教育者的爱，但是并不是所有的爱都能感动人。令人感动的爱才会产生更好的教育效果。

感动是教育生效的前提。人都是讲感情的，成人儿童皆如此。伟大的教育家陶行知先生在《创造的儿童教育》一文里谈道：“我们要加入到儿童队伍里成为一员，不是敷衍的，不是假冒的，而是真诚的。”教育家乌申斯基也如此阐述：“儿童比成年人更容易看清我们对他怀有的情感，这是由儿童天性的纯真和逗人喜爱的模仿能力所决定的。”儿童是活生生的人，他们和成年人一样，渴求尊重和理解，比成年人更需要爱，懂得爱。校长之于教师，教师之于学生，必须放下师道尊严。教师用纯洁无瑕的童心去与儿童交往，以心交心，以心换心，师生就能心心相印。要想让学生真正感动，教师必须付出真情、爱心。要想让教师感动，校长必须付出真心。

走近师生就能产生令人感动的爱。现在的学生独生子女多，骄横自私的多，越来越不好教育，这是很多教育人的感慨。但是教育者本身在自身灵魂的塑造上，教育的价值取向上有所缺失也是重要原因。每位成年人回味求学及人生经历，皆有同感，大凡能给我们留下深刻印象的师长、领导，都是那些有爱心，有亲和力，没有架子，不势利有德行的长者。走近师生，亲近师生，关爱师生，让师生感动是教育好学生、管理好教师的前提。明朝理学家王阳明谈道：“今教童子，必使其趣向鼓舞，中心喜悦，则其进自不能已。”在课堂上，与学生建立民主和谐的师生关系；在课外，与学生建立平等相处的朋友关系，与他们交流所见所闻所感所思，消除学生对教师的过分敬畏感，使教师不仅是教育者，更是学生的真心朋友。用感动滋润学生纯洁灵魂，教育之效果自然明显。校长与教师之间建立亲密的朋友关系，用无私用爱心对待教师，教师必然尊重校长，热爱学校。实践足以证明这点。

为师生服务就能产生令人感动的爱。“管理就是服务”是一种理念，更应是一种实践。当代教育家魏书生说：“教育要树立为学生服务的意识。”教育者就是为学生服务，所做的一切都是为了学生的成长与发展。在对学生的管理中，尽可能让学生感受到老师与他们是平等的。儿童年龄小，阅历少，面临的各种困难相对较多。学生在校学习，在心灵上，学习中、生活中会遇到或这或那的困难、困惑，教育者必须用长者的慈悲关爱心理，去真诚地帮助他们，替他们解决实际困难，引领他们走出精神误区。在对教师的管理中，一直坚持一种理念：在教育行业中，最辛苦的人是一线教师，为教师提供最大的服务是一种管理职责。笔者在实际工作中，利用各种渠道了解师生的内心需求，了解师生的现实需求，利用自己手中的“权利”服务师生，在师生中产生了“有困难找校长必然能解决”的共识。牵挂师生的需求，但凡师生提出的实际问题都尽力解决，让他们无比感动。师生心灵上有坎的时候，进行心灵疏导，让师生心灵垃圾得到清除，更加信任校长、佩服校长、喜欢校长、尊重校长。服务于师生，就是对师生发自内心的爱、发乎于心的爱，必然能让师生感动。

敢于向师生认错，就能产生令人感动的爱。人无完人，校长亦然。在实际工作中，由于认识的局限性，个人性格的缺陷，有时受不良情绪的影响，考虑问题不全等因素，都可能会导致校长在日常工作中出错，或是一时冲动发脾气伤害了工作对象。笔者坚信，以诚待人，善于反思，知错认错，不是一种“丢面子”，而是一种胸怀气度与境界的体现。给全体教师写信，录制成声情并茂的朗诵带，向教师们陈述学校工作出现问题的原因，请求教师的包容和理解；因临时发现房梁断裂，不得不把学校危房改造安排在开学初，给师生造成很大的不便，在校园广播中坦诚地表达歉意。不仅没有让师生反感，反而让师生感动。反思与道歉源于一种尊重一种爱，对事业对师生的爱，是一种能让师生产生感动的爱：笔者与学生一段对话——师：“对不起，昨天爬山比赛因为我的疏忽竟然把你和另外一个同学落下了，真诚地向你道歉。”生：“好吧，我原谅你了。下次不要再犯了。”“嗯，我记住了。”

源于教育之爱，亲近师生、服务于师生，坦诚向师生认错表达歉意，定能生成感动，彰显教育之爱。

3. 感动教育提升教育效果

感动是一种美好的情感，是真情传递，是善良的复苏，是美的彰显，是一种有形无形的有效教育。

引领学生理解感动，提升教育效果。感动是一种抽象的情感，要想让学生感人并被人感动，首先得让学生理解什么是感动。学生个体差异很大，有的学生善良懂事，大度无私，时刻书写现实的感动，教育者就要宣传这种美德，让学生明了感人的行为是高尚的，高尚生成感动。有的学生学业拔尖，感情淡漠，教育者就要善于用生动例子触动学生的灵魂，不断丰富学生的情感体验，滋养学生的感动。面对那些遭排斥的学困生或者已经被众人认定为无可救药的问题学生，必须蹲下身子带领其他的孩子一起去发现他们那些微不足道的闪光点，感动于他们曾经为家人、同学、老师所做过的每件细微的好事。通过孩子做的好事鼓励和赞扬孩子，让他们体验正面情感，明白人人都能创设感动，在感动的引领下不断完善品德。笔者采取故事对比法引导学生理解感动：故事一，有趣，让人发笑；故事二，有思想，让人受启迪；故事三，有情，让人内心触动，情感涌动。让学生明白了能让人内心触动、情感涌动的真情体验就是感动。理解了感动，就能用行动去感动人，就能从他人身上获得感动体验。教育效果非常明显。

引导学生体悟感动，提升教育效果。感动需要体悟，体悟才能打动人。在体悟中升华的感动就能转化为对他人、社会的责任。面对社会那么多痛心的负面事件，不是简单地告诉学生是非对错；面对那些正义的维护者，不是夸大其词地向学生诉说心中的感动，而是让学生自己去体会，自己去感悟。笔者认为最好的体悟方式那就是能学会换位思考问题，引导学生学会“把我加进去”体会感动。假如是我，假如是我的家人，假如是我的朋友。用这种假如方式引导学生去设身处地、换位思考，进入角色，他们才能正确面对各种正负能量，才能彰显正义，才能真正体会到真挚的感情，正义的感人力量。

引导学生发现感动，提升教育效果。感动的瞬间是教育最精彩的瞬间，若能抓住这种感动加以强化，必然能起到很好的教育效果。感动需要体验，也需要教育者去发现。在丰富多彩的活动中让学生去寻找、发现感动。发现学生中许多人习惯不好，喜欢乱丢乱扔，从不积极主动捡拾垃圾。笔者在学生中践行了“学校荣辱，我的责任”活动。每天都要发现并推介一个感动学校的典型，用非常优美的文字记录下孩子彰显出来的感动。并让孩子们自己去寻找感动自己的同伴，挖掘出同伴的哪个行为感动了你。学生自己发现感动才能感动自己，有了这种感动，才会想到责任与担当。学生发现寻找感动的过程也是一种自我熏陶的过程。

引导学生传递感动，提升教育效果。感动需要传递，感动能够传递。笔者践行的感动教育，正是从笔者感动教师开始，笔者以身作则，为教师营造一个良好的工作环境、人文环境，再让教师把感动传递给孩子。为了让感动波及家庭及社会，又从孩子的感动开始，让孩子来感染大人，让感恩感动如同一种磁场，吸引一切有正义感有情有义的人去追真、向善、求美。小手拉大手，大手牵小手，让社会处处充满感动，人人拥有社会责任感。践行感动教育后，学校与周边群众关系非常良好；社区内的人际氛围都得到改善。传递感动，成为一种有效的学校教育家庭教育和社会教育。

人之所以会感动，是因为他生在爱之中。生活中，有许多美好的人和事，都在不经意间感动着我们，正是这份感动，人的心中才有了爱。感动，是一种心情、是一种幸福、是一种财富。以情感人，以情育人，感动教育，以其独特的魅力，引导师生体验与实现幸福的人生。

六、实施感动教育的效果

依托感动教育教学的相关理论，结合学校实际做积极的探索，在师生中实行感动教育，用行动实践了办学思想，成效是显而易见的：促进了师生共同健康成长，形成了学校鲜明的感动教育办学特色，推进了素质教育的实施和基础教育新课程改革。主持学校工作 10 年间，学校被评为邵阳市安全文明校园，湖南省基础教育示范学校、湖南省红领巾示范学校；全国三八红旗集体；学校办学特色在《湖南教育》报道，成为地方名校，甚至在省市也有一席之地。校长成长为全国优秀教师、全国优秀校长、湖南省特级教师、北京师大培训班感动教育人物，个人事迹在《湖南日报》报道。

感动渗透于课堂，感动渗透于德育，感动渗透于教师管理。感动教育发展了师生、发展了学校、丰富了教育内涵。

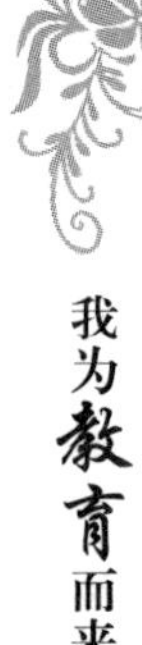

后　　记

我喜欢阅读，也崇拜能写书的人。从年少的时候到知天命之年，我从来没有间断过读书和写作，也渴望有自己的专著。但是，成长在小地方的我，总认为自己积淀太少、见识太少，显得卑微谨慎，想法并未能变成现实。

这几年有幸参加了好几个高端国培，近距离地接触了省内教育界的一批批精英。同伴们思想深邃，广闻博见，著书立说。犹太经典《塔木德》中有句话："和狼在一起，你只能学会嗥叫；和那些优秀的人接触，你就会受到良好的影响。你与之交往的人就是你的未来。"在培训过程中参与了一项项活动后，在多次得到过老师和同伴的认可后，我想出书的念头愈来愈浓了……

去年 10 月的一天，邂逅一位师范的女同学。她在去练瑜伽的路上碰到了我，问道："你的业余时间都干些什么啊？"我说："喜欢看看书，写写东西。""你那么厉害，出过好几本书了吧？""没有，我哪里有那个水平。"我发自内心地说。"在我们大家眼里，你就是教育女神呢，你要是写书，一定会有好多粉丝。"她的赞美，进一步激励了我："为什么不将自己的所思所悟所写结集出版一本书？为自己，也为那些像我一样热爱教育的人。"

有了这个念头，我经历了好些个不眠之夜。小小的我能行吗？我写的东西会有什么价值吗？是否会贻笑大方？可是不写，我能有所发展吗？要行动，先得破解自己的内心之冰。我告诫自己，要有勇气面对成功和失败。勇气来自低调，低调是一种境界，别把自己当回事；勇气来自进取，追求进步，就不怕不足；勇气来自胸怀，胸怀开阔，不怕出错。破解了自己的内心之冰，我决定：行动！于是，我开始整理自己历年来所写的关乎教育的体验与思考，于是，有了我人生的第一部作品。我深爱教育事业，从参加工作到今天，30 年来，我是那种每天要做点与我的事业相关的事才踏实的人，我是在教育工作中找到了乐趣的人。所以我常被人戏称是教育痴人。我虽无才，但对教育的情意深厚，故大胆地将书名取为《我为教育而来》。

我深知，由于自己的思想深度不够、理论积淀不厚、专业水平不高、写作能力欠缺、学养不深厚，拙作存在不少的问题。在此，我真诚地希望得到各位的批评指正。

在整个写作和出版过程中，我得到了太多人的关心和支持，每每想起其中的点点滴滴，都会感动得泪盈眼眶。第一，我能荣幸地邀请到博士生导师湖南省教师教育学会会长周德义老师给我写序，他的应允给了我巨大的勇气和力量。几天时间，周老师读完了我的书稿并在第一时间给我回复，寄来了他的序言。因为教育相遇恩师，何其美好！第二，我一直深深感谢我在北师大培训的时候，我的指导老师朱志勇教授给予我的教诲——“做学问必须要直面事实要敢于正视缺点”，让我越来越善于反思，也理性地认识到自己的不足。深深地感谢北师大陈文老师给我的一句鼓励：“杨晚云，你给我留下的深刻印象全部都是正能量的：好学、果敢、专注，我非常喜欢你，从你的身上我学到了很多！”让我这个来自小地方的教师找到了自信。深深地感谢省教育厅通过多种渠道花费不少心思、经费对我们这些有教育情怀的教育追梦人进行培训打造。第三，我要深深地感谢我身边的每一位领导，我的每一位校长、教研系统的朋友，当我萌生了出书的念头的时候，当我给他们提出我的一些个人请求的时候，竟然没有遭到任何一个人半个字的拒绝，收获了百分之百的支持，让我感动得不能自已。第四，我要感谢我的亲人们，在我写作整理书稿的时候，给我提供的种种帮助。最后，我要感谢我的同学王丽燕教授在我出书过程中给我的极大的无私帮助，感谢为我的书籍出版付出辛苦的出版社的编辑老师，感谢我参考过的所有的提供了精深的理论和优秀案例的作者。

泰戈尔说："我不能去选择最好的，我等待最好的来选择我。"我深知，我的才学浅薄，能力有限，既不能去选择最好的，也很难等到最好的来选择我。我能做的，就是怀揣着这一份份难得的相遇与感恩，继续努力，且行且思，用最好的态度，做人、做教育、做学问，以此向生命中每一个给我温暖和力量的人致谢致敬！

杨晚云